中等职业教育国家规划教材
全国中等职业教育教材审定委员会审定

金融基础

(第4版)

主编 王国星

中国财政经济出版社

图书在版编目（CIP）数据

金融基础／王国星主编．—4版．—北京：中国财政经济出版社，2015.5
中等职业教育国家规划教材
ISBN 978-7-5095-6168-3

Ⅰ.①金… Ⅱ.①王… Ⅲ.①金融学－中等专业学校－教材 Ⅳ.①F830

中国版本图书馆CIP数据核字（2015）第074305号

责任编辑：洪　钢　　　　　　　　　责任校对：李　丽
封面设计：陈　瑶　　　　　　　　　版式设计：董生平

中国财政经济出版社 出版

URL：http：//www.cfeph.cn
E-mail：jiaoyu@cfeph.cn

（版权所有　翻印必究）

社址：北京市海淀区阜成路甲28号　邮政编码：100142
营销中心电话：010-88190406
北京财经印刷厂印刷　各地新华书店经销
787×1092毫米　16开　8印张　186 000字
2015年6月第4版　2015年6月北京第1次印刷
定价：15.00元
ISBN 978-7-5095-6168-3／F·4970
（图书出现印装问题，本社负责调换）
本社质量投诉电话：010-88190744
打击盗版举报热线：010-88190492，QQ：634579818

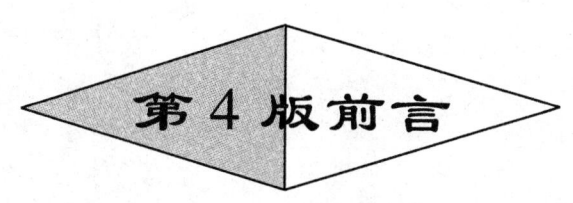

第 4 版前言

为全面贯彻落实《国务院关于加快发展现代职业教育的决定》（国发〔2014〕19号）和《国家中长期教育改革和发展规划纲要（2010—2020年）》，我们依据教育部最新颁布的《中等职业学校财经商贸类专业教学标准（试行）》对中等职业教育国家规划教材《金融基础》进行了第4次修订。

《金融基础》（第4版）是中等职业教育国家规划教材，根据教育部颁布的《中等职业学校金融基础教学大纲》编写。教材供中等职业学校使用，也可作为初学金融者的参考用书。

本次修改对一些章节的内容和编排形式进行了适当调整，根据形势发展对一些陈旧内容作了删除，增加了金融改革方面的新内容。每章增设"本章导读"，每节后增设"小知识"栏目，每个大问题中插入"想一想"或"议一议"栏目。增强了章节体系的合理性、编排形式的生动性和金融知识的实用性。

《金融基础》阐述金融方面的基本理论、基本知识和基本技能，使学习者具备必需的金融基础知识，初步形成理解、分析一些金融实际问题的能力，为提高学习者的职业素质、增强其适应职业变化和继续学习的能力奠定基础。

教材共九章，基本涵盖了金融学理论体系的主要内容，考虑了中等职业教育的特点。在编写过程中，我们尽量体现内容的基础性、知识的实用性和行文的简洁性，以便更好地教与学。

教材在编写过程中，得到了教育部职业教育与成人教育司和中国财政经济出版社的具体指导；教材中还引用了有关作者的观点，在此，我们一并表示感谢。

本教材由江西省财政厅王国星担任主编并编写第一、二、九章；浙江财经学院王奎泉编写第三、五章；河南财税专科学校潘卫红编写第六、八章；山西供销学校高幸乐编写第四、七章。主编提出编写体例并最后总纂定稿。

限于时间和水平，教材不足之处，敬请批评指正。

编　者

2015 年 1 月

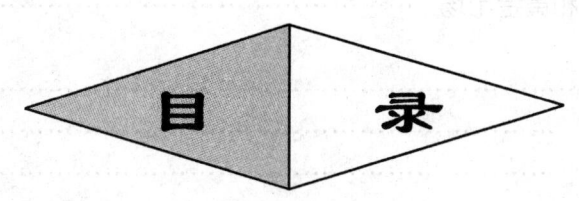

目 录

第一章 货币与货币制度 ………………………………………… (1)
  第一节 货币概述 ……………………………………………… (1)
  第二节 货币制度 ……………………………………………… (7)
  第三节 货币流通 ……………………………………………… (11)

第二章 信用与利率 ……………………………………………… (15)
  第一节 信用概述 ……………………………………………… (15)
  第二节 信用形式 ……………………………………………… (18)
  第三节 信用工具 ……………………………………………… (21)
  第四节 利息和利率 …………………………………………… (25)

第三章 金融机构 ………………………………………………… (29)
  第一节 金融机构概述 ………………………………………… (29)
  第二节 银行金融机构 ………………………………………… (31)
  第三节 非银行金融机构 ……………………………………… (33)
  第四节 国际金融机构 ………………………………………… (36)

第四章 商业银行 ………………………………………………… (41)
  第一节 商业银行概述 ………………………………………… (41)
  第二节 商业银行的业务 ……………………………………… (44)
  第三节 商业银行的经营与管理 ……………………………… (50)

第五章 中央银行 ………………………………………………… (53)
  第一节 中央银行概述 ………………………………………… (53)
  第二节 中央银行业务 ………………………………………… (56)
  第三节 中央银行的货币政策 ………………………………… (58)

第六章 金融市场 ………………………………………………… (65)
  第一节 金融市场概述 ………………………………………… (65)

第二节　货币市场 …………………………………………………………（68）
　　第三节　资本市场 …………………………………………………………（70）
　　第四节　外汇市场和黄金市场 ……………………………………………（75）

第七章　货币供求 ……………………………………………………………（79）
　　第一节　货币供应 …………………………………………………………（79）
　　第二节　货币需求 …………………………………………………………（81）
　　第三节　通货膨胀 …………………………………………………………（84）
　　第四节　通货紧缩 …………………………………………………………（89）

第八章　国际金融 ……………………………………………………………（93）
　　第一节　国际收支 …………………………………………………………（93）
　　第二节　外汇与汇率 ………………………………………………………（97）
　　第三节　国际货币体系 ……………………………………………………（101）

第九章　金融监管 ……………………………………………………………（106）
　　第一节　金融风险 …………………………………………………………（106）
　　第二节　金融监管 …………………………………………………………（110）
　　第三节　金融监管机构 ……………………………………………………（114）

主要参考书目 …………………………………………………………………（119）

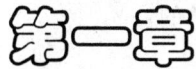

第一章 货币与货币制度

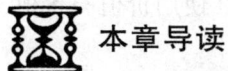 本章导读

钱，人类的伟大发明

"钱"可以衡量大部分具体事物的价值，为人类文明作出了重大贡献，使人类从以物换物的经商手法进步到现代社会中的股票、外汇、黄金等公开交易平台。在现代社会中，"钱"无处不在，早就渗透了人们衣、食、住、行的各个方面，没有它可能寸步难行，有了它可以得到物质享受，当然不一定带来幸福。它是人类的伟大发明，对人类有很大的功用，同时也制造出人类的许多问题。它几乎有一种令人不解的魔力，被蒙上一层神秘的面纱。那么"钱"到底是什么？它是如何产生的？它存在过哪些形式？它能干什么……本章为你解读货币与货币制度。

第一节 货币概述

一、货币的概念

对于货币，人们似乎是再熟悉不过了，在生活中几乎处处接触货币，天天使用货币。从学生生活的角度来看，同学们上学需要缴费，在校吃饭、买书需要花钱，学习成绩优秀者可以获得奖学金，生活困难者可办理助学贷款，可以把暂时不用的钱存入银行，可以用信用卡来存取款……这里的"费"、"钱"、"金"、"款"、"卡"等都涉及了货币问题。从家庭来看，可从不同的来源取得货币收入，诸如工资、奖金、退休金、救济金等，而人们的衣、食、住、行都需要用货币去购买；从企业来说，无论是生产商品的，还是提供各种服务的企业，它的运转无不同时伴随着货币的收收支支；机关、学校、部队、社会团体等工作的展开也离不开货币的收支；不只是在国内到处有货币收支，在对外的经济、政治、文化、体育及个人交往中也无处不发生货币收支，尽管那是外汇收支……这些都涉及了货币及其流通。

那么货币是怎么产生的？有人说货币是某个天才的发明创造；有人断言货币是人们共同

协议的结果；有人认为货币是国家权力的产物等等。其实这些说法都是不科学的。

（一）货币是商品内在矛盾的产物

货币的根源在哪里？简单地说，货币的根源在于商品本身，是商品内在矛盾的产物，货币是在商品生产和交换的长期发展过程中，自发地从商品中分离出来的。

商品是为交换而生产的劳动产品，是使用价值和价值的统一体。商品生产者是为价值而生产的，只有通过交换，商品生产者才能获得价值。商品的使用价值与价值的矛盾是由生产商品的具体劳动与抽象劳动的矛盾所决定的，归根到底是由简单商品经济中的私人劳动与社会劳动的矛盾所决定的。

私人劳动与社会劳动的矛盾，要通过商品交换来解决。如果商品交换实现了，表明私人劳动被社会承认，这时具体劳动所创造的使用价值、抽象劳动所形成的价值才能实现。可见，私人劳动与社会劳动的矛盾，直接决定着具体劳动与抽象劳动的矛盾、使用价值与价值的矛盾，是商品各种内在矛盾的总根源。

货币是私人劳动与社会劳动矛盾发展的必然产物。在商品交换不间断的进程中，逐渐出现了通过媒介的交换，即先把自己的物品换成作为媒介的物品，然后再用所获得的媒介物去换取自己所需要的物品。历史上很多国家把牲畜作为这种媒介，我国最早较定型的媒介是"贝"。这种出现在交换之中的媒介，就是最早的货币。

（二）货币是价值形式发展的结果

人类社会曾有过没有货币的历史。那货币是如何产生的？简单地说，货币是价值形式发展的必然结果。

1. 简单的或偶然的价值形式。原始社会末期，生产力有了一定的发展，劳动产品除满足自己消费外还有剩余，这就出现了最初的商品交换。这时的商品交换只是偶然的、简单的商品交换，一种商品的价值偶然地、简单地表现在另一种商品上。如 1 头羊 = 两把石斧。这种在交换中一种商品的价值通过另一种商品的使用价值简单或偶然地表现出来的形式，称为简单的或偶然的价值形式。但简单价值形式隐藏了一切价值形式的秘密。

2. 总和的或扩大的价值形式。随着社会生产力的发展，私有财产的出现，商品交换在种类和范围上都比以前增多和扩大了，特别是专为交换而生产的生产者的出现，商品交换由偶然转为经常。羊不仅与石斧交换，还与粮、布等交换。这种一种商品的价值能够经常地表现在一系列其他商品上的形式，就是总和的或扩大的价值形式。这时的交换虽然还是一种物物交换行为，等价物可由一系列的商品来充当，但它说明了商品价值是人类无差别劳动的凝结，商品交换量的比例是以价值量为基础的。

3. 一般价值形式。商品交换范围的继续扩大，必然会有某种商品进入交换的次数较多、最容易被交换者接受，它便从商品世界中显现出来，人们用它来作为交换的媒介，它就成为执行一般等价物职能的商品。在这种交换中，所有商品的价值都由一种商品来表现的形式，就是一般价值形式。一般等价物的出现，使直接的物物交换变为以一般等价物为媒介的间接交换，商品世界就分为两极：一极是具有特殊使用价值的普通商品；一极是起一般等价物作用的特殊商品。它是价值形式的飞跃，为货币的诞生奠定了基础。

4. 货币形式。最初起一般等价物作用的商品是不固定的，随着交换的进一步发展，才逐渐固定在最具优势的金银身上。这种由一种商品固定地充当一般等价物的形式，就是货币价值形式。货币价值形式与一般价值形式没有本质的区别，它们的区别仅仅是前者充当一般等价物的商品已经固定,而后者则是由几种商品轮流交替地充当。可见,只有当金银获得一般等价物的地位时,才完成了货币发展和演变的全过程,一般价值形式就过渡到了货币价值形式,便产生了货币。

(三) 货币是商品的一般等价物

从货币的根源和价值形式的发展历程可以看出,货币是固定充当一般等价物的特殊商品,即货币是商品的一般等价物。

货币是商品。因为货币的根源在于商品本身,货币是从商品中演化而来的,历史上许多商品充当过货币,只是后来固定在金银上。还因为货币成为商品后,同普通商品一样,也是价值和使用价值的统一体。如果货币不具备普通商品的共性,它就不具备与其他商品相交换的基础,也就不可能在商品交换过程中被分离出来成为货币。

货币是特殊的商品。其特殊性集中体现在货币是固定充当一般等价物的商品,表现在两个方面:货币是表现一切商品价值的材料;货币能同一切商品直接交换。因此,不论何种社会形态,只要存在商品交换,货币作为一般等价物的本质是不变的。

在日常生活中,人们经常使用"钱"这个词来代表货币。有人说"货币就是钞票",这就把货币等同于通货了;有人问"这本书值多少钱"?这实际上是对货币某些功能的描述;有人想"这人肯定有很多钱",这往往是把货币与财富等同起来了。因而,要全面理解货币的含义,还应该注意货币与通货、货币与财富等的区别。

通货是处于流通中的现实货币的通称,即钞票和硬币,很多人平时谈论货币所指的就是通货。显然,把货币仅仅定义为通货,是把货币的概念说得太狭窄了。事实上,支票在交易时是被普遍接受的,银行存款也能方便地转变为通货或支票。所以,支票、银行存款都属于货币范围。

作为一般等价物的货币,确实是社会财富的一般性代表,因而很多人常常把货币用作财富的同义词。但货币并不等于财富本身,财富不仅包括货币,还包括家具、土地、汽车、房屋、艺术品等等。可见,财富比货币包含更广的内容。

议一议:

谈谈你对货币的理解。

所以,货币是商品的一般等价物。当然,这种一般等价物是在交换过程中能被大家普遍接受的,因而也可以说,货币是在商品与劳务的支付或债务的偿还中普遍被大家接受的任何东西。也就是说,货币不过是一种商品,如果丧失了那种能够交换商品的能力的话,那么纸币不过是一些废纸,金属币也只不过是一堆破铜烂铁。

二、货币的形式

货币的形式是指货币存在的形式。货币是通过适宜作为货币材料的商品演化而成的。

(一) 实物货币

以某一具体的商品充当一般等价物的货币形式称为实物货币。亦称商品货币,是最早出现的货币形式。

历史上,许多商品充当过交换媒介,如牲畜、盐、烟草、布匹、皮革、贝壳、可可豆、农具等等。在当时,这些商品除了用作交换媒介之外,还可以直接用于消费,既是货币商品,又是普遍商品。在我国历史上,较早定型的实物货币是产于南方大海里的贝壳。

实物货币有其不可克服的缺陷。一般地说，实物货币不易分割，物理性能不稳定，价值难以保存和计量，携带比较困难等。

（二）金属货币

以金属作为币材的货币形式称为金属货币。随着生产力的发展，金属的开采和冶炼技术为人类逐渐掌握，于是出现了铁、铜、金、银等金属。由于金属的自然属性比一般商品更适宜于充当货币材料，如容易分割、便于铸造、不易磨损、易于保存等，所以金属取代了贝壳等实物，作为货币商品而发挥作用。

金属货币的发展经历了从称量货币到铸币的演变过程。金属货币最初是以条块形状流通的，称为称量货币。历史上用过的货币单位名称如五铢钱的"铢"、英镑的"镑"、银两的"两"，甚至"钱"本身都是重量单位，这说明称量货币是一种很重要的货币形式。但称量货币每次交易都要称重量、验成色，有时还要按交易额大小进行分割，这给交易带来很多不便。之后，有些大商人在金属条块上加刻印记，以其信誉保证金属货币的重量和成色。然而，私人的信誉毕竟是有限的，于是就由国家统一铸造金属货币并烙上国家印记，这样就出现了铸币。铸币是有国家的印记证明其重量和成色，并有一定形状的金属货币，是法定的流通手段。

最初的金属货币是由铜、铁等贱金属铸成的。由于铁的价值较低，且过于笨重，容易锈蚀，不便保存，所以铁较少作为货币。我国在很长的历史时期里，一直是几种金属币材并行流通，但铜是主要币材。在近代货币历史上，几乎所有国家都把金银定为法定的货币。

金属货币的出现，是货币史上的一大进步。但金属货币也存在局限性，主要是其数量有限，难以满足日益扩大的商品交换的需要；金属货币的保管、运输、计量等都很麻烦。另外，由于金属货币在流通中不断被磨损，使其实际价值低于名义价值，成为不足值的铸币，从而也使铸币逐渐成为货币符号。这一事实也被政府所认识和利用。后来就出现了依靠国家强制权力发行和流通、没有内在价值的纸币。

（三）纸质货币

纸质货币是以纸张作为币材，印制成一定形状并标明一定面额的货币。它纯粹是价值符号，由国家强制发行，能代替足值金属货币执行货币的职能，因而也称代用货币。

代用货币实际上相当于一张收据，其信誉有可靠的保证。显然，代用货币本身的生产成本低于其代表的足值货币的价值，有许多便宜的材料可用来制作代用货币。但随着造纸和印刷技术的发展，各国都采用纸制的代用货币。纸币有许多优点，如节省流通费用、容易携带和运输、易于保存和计量等。

我国的纸币是世界上最早的货币符号。早在宋朝时期就出现了一种叫"交子"（意为交换凭证）的纸币。从纸币自身的发展过程看，大致经历了纸币附属于黄金阶段、纸币摆脱黄金货币的独立阶段和纸币完全独立三个阶段。1973年美国宣布取消美元含金量并实行浮动汇率制度。至此，货币史上具有重要意义的纸币革命终于完成。

当今世界各国流通的纸币，受各国历史、文字、风俗等的影响，纸币的式样各不相同。但纸币一般都包括这样的内容：发行机构、面值和货币单位名称、年版、票幅、序列号码、图案、盲人标记、特殊文字等。

纸币突破了金属货币物质价值总量的限制，能满足经济规模扩大对货币的需求；纸币有利于加快商品流通速度；纸币供应集中在国家手里，国家可利用货币政策来调节货币供应量，从而调节宏观经济的运行。但纸币发行过多会引发通货膨胀，影响经济的正常发展。

（四）存款货币

存款货币是指金融机构可用于转账结算的活期存款。在信用事业日益发展、金融机构普遍设立的条件下，在纸币广泛流通的同时，出现了存款货币的流通。

活期存款的存户在有支付需要时，可以通过签发支票或其他支付方式指示金融机构将其存款支付给收款人，而不必经过兑取现金的过程。活期存款因通过支票等银行票据能在商品交换中担负起交换媒介的作用，发挥货币的支付手段和流通手段的职能，所以称为"存款货币"。存款货币的流通是以银行信用为基础的，因而存款货币也被称为"信用货币"。

存款货币只是存在金融机构账户上的数字。存款货币比纸币又前进了一步。它能使资金周转速度更快、更好地适应商品经济发展的需要。

（五）电子货币

电子货币是指运用电子信息系统来处理的货币资金。也就是因商品和劳务的生产、提供、使用、消费等而引起的货币收付都由电子信息系统来实施结算。如果说纸币还保留着一个物的外形，那么电子货币连物的外形也不需要了。因而电子货币是一种无形货币。

20世纪70年代以后，在世界新技术革命的推动下，出现了最初的电子货币，近些年随着网络技术的广泛应用，电子货币的发展速度日益加快。目前的电子货币主要有各种金融交易卡和网络上的电子钱包等。

想一想：

你所接触的电子货币有哪些？

电子货币的出现改变了人们使用货币的方式，是货币作为支付手段不断进化的表现，是金融业的一场革命，它将有力地推动整个金融业向无现金、无支票、无凭证的方向发展。电子货币具有快速、方便等特点，但还有诸如法律性、安全性等方面的问题有待更好地解决。因而电子货币的发展是一个渐进的过程。

三、货币的职能

货币职能是指货币作为商品的一般等价物所固有的功能。货币有价值尺度、流通手段、支付手段、贮藏手段和世界货币五大职能。

（一）价值尺度

价值尺度是货币表现和衡量商品价值量大小的职能。这是货币首要的、最基本的职能。货币在执行价值尺度职能时必须具备两点：一是货币本身必须有价值，就像尺子能衡量长度、天平能称重量一样；二是货币执行价值尺度职能只是观念上的想象中的货币，并不需要现实的货币。

货币执行价值尺度的职能是通过把商品的价值表现为价格来实现的。价格是商品价值的货币表现，价值是价格的基础，价值是内在的，价格是外化的。

为了便于比较各种商品的价格，必须以法律的形式规定一定的货币金属量作为货币单位。这种包含一定金属量的货币单位称为"价格标准"。如我国用银做货币时，货币价格标准为"两"。

（二）流通手段

流通手段是货币在商品交换过程中充当交换媒介的职能。作为执行流通手段职能时货币的特征：一是必须是现实的货币，而不能像在执行价值尺度职能时是观念上的货币；二是作为流通手段职能的货币可以由各种货币形式来充当,可以是足值的,也可以是价值符号。因为这时货币本身并不是人们所需要的,人们关心的只是它的购买力,即能否买到等值的商品。

由于货币的流通手段职能,使得直接的物物交换转化为以货币为媒介的商品交换。商品流通分为卖出和买进两个独立的行为,造成了商品买卖在时间空间上的分离。一旦一些生产者出卖自己的商品后不立即购买,就会影响另一些生产者的产品顺利出售,如此连锁式的推延下去,就会造成买卖的严重脱节,一些商品的价值可能不会实现,有引起危机的可能性。

(三) 支付手段

支付手段是指货币作为价值的独立形态进行单方面转移的职能。与货币执行流通手段职能的区别在于商品和货币没有在同时同地作相向运动,而是商品的让渡同货币的支付在时间上已经分离。主要源于随着商品交换的发展,商品赊销的出现。最初,这种延期支付是商品性支付,其后作用超出商品流通领域,也可以是非商品性支付。如货币用于清偿债务、支付工资、交付房租、水电费、税金等。

货币发挥支付手段职能,是一切信用关系得以顺利建立的基础,但由于相互赊账买卖会形成复杂的债权债务链,一旦某个生产者不能按期偿还借款,则链条中断,严重时会引起支付危机和信用危机,商品经济内在矛盾也会进一步发展。

(四) 贮藏手段

贮藏手段是指货币暂时退出流通领域被人们当作独立的价值形式和社会财富的一般代表而保存的职能。货币执行贮藏手段职能时有两个特征:一是作为贮藏的货币必须是有十足价值的贵金属,不能是不足值的货币或货币符号,因为人们贮藏货币的目的是贮藏财富是为了保值;二是作为贮藏的货币必须是现实的货币,而不能是观念上的虚幻货币。

货币执行贮藏手段职能时,具有自发调节货币流通的特殊作用。就像一个蓄水池,当流通领域中所需货币量减少时,有一部分货币就会主动退出流通领域,被人们作为财富贮藏起来,反之,货币主动流出,进入流通领域。当然,这一自发调节货币流通量的特殊作用,只有在足值金属货币流通条件下才能形成。虽

想一想:

人们把现金存入银行,货币是否就执行了贮藏手段职能?

然目前世界各国的货币已经割断了与黄金的任何直接联系,但金银本身具有价值,所以不只是个人,各国政府都仍然把黄金作为贮藏的重要对象。至于现代纸币,其本身无内在价值,也不能兑现金银,因而已不具有典型意义上的贮藏手段职能。

(五) 世界货币

世界货币是指货币在世界市场发挥一般等价物的职能。要注意的是世界货币并不是货币的一种独立职能,而是货币基本职能在世界范围的延伸。货币在执行世界货币职能时,必须摆脱国家的烙印。当然由于新的国际货币体系的建立,有一些国家的信用货币在一定条件下代替贵金属跨越国界发挥世界货币职能,成为世界普遍接受的硬通货。

世界货币的作用概括起来有三个方面:一是作为国际间支付手段,用以平衡国际收支差额;二是作为国际间的购买手段,购买外国商品;三是作为社会财富的转移手段,如对外援助、战争赔款等。

 **小知识：**

我国最早的钱币

我国最早的钱币是贝。贝本身具有天然的单位，而且具有坚固耐用、光洁美丽、容易计算、便于携带等特点，同时在原始社会先民早已用贝作为装饰品，对它很熟悉，到商周时代便成为我国广泛使用的货币。以后又产生了人工制造的骨贝、石贝、陶贝和铜贝等。"贝"的单位是"朋"，一朋十贝。在我国文字中，也可以看出"贝"作为货币长期存在的事实，许多与货币有联系的字，其偏旁都从"贝"，如货、贷、财、贸、贫、贱、贿赂等。日本、马来群岛及美洲、非洲的一些地方也有用贝壳作为货币的历史。

第二节 货币制度

货币制度是一个国家以法律形式确定的该国货币流通的结构体系与组织形式。它使货币流通的各要素结合为统一的系统，反映了国家在不同程度、从不同角度对货币所进行的控制，其意图总是在于建立符合国家的政策目标。

一、货币制度的构成要素

货币制度主要由以下要素所构成：货币币材的确定、货币单位的确定、本位币和辅币的铸造和发行及流通、准备制度等。

（一）货币币材

在金属货币制度下，货币币材是指国家确定何种金属作为货币的材料。货币金属是一个国家货币制度的基础。确定不同的货币材料，就构成不同的货币本位制度。如确定白银为货币材料，就称为银本位制；确定黄金作为本位币的币材，就构成金本位制等等。

用哪种材料作本位币的币材，任何国家都不是随心所欲的，而是由各国的经济发展水平和币材生产条件所决定的，而且货币金属本身有其发展的规律性。因而，国家规定的币材实际上是对已经形成的客观事实从法律上加以认定而已。

现在世界各国都实行不兑现的信用货币制度，国家法规中都没有规定用任何商品充当币材。这就是说，在过去货币制度中一个重要的构成要素消失了。按传统叫法，现代货币制度可称为纸质本位制或不兑现本位制，显然这样叫没有什么特别的意义。

（二）货币单位

货币单位包括规定货币单位的名称和货币单位的"值"（金属货币制度下就是单位货币所包含的货币金属的重量或叫价格标准）。

货币单位的名称最早是与商品货币的自然单位或重量单位相一致的，如贝壳是以"朋"来计算、牲畜是以"头"来计算、金属是以"斤"、"两"来计算等，货币单位就为"朋"、"头"、"斤"、"两"等。后来由于种种原因才使货币单位的名称与货币的自然单位和重量单位逐渐脱离。有的保持了原名，内容发生了变化，如英国货币单位"镑"就是重量单位名称，但其实含重量与名称已完全不符；有的则完全摆脱旧名，重新取名，如我国唐代铸的"开元通宝"，"通宝"是货币的名称，单位则叫"文"，虽然"文"仍代表一定重量的铜。

各国法律规定的货币单位名称，通常是以人们习惯形成的名称为基础，往往就是该国货币的名称。如果几个国家用同一货币单位名称，则在货币单位名称前加上国家名，如菲律宾比索、古巴比索；美元、加拿大元等。我国有些特别：货币名称是人民币，货币单位是元。

有了货币单位名称，更重要的还要确定其币值。(1) 当铸币流通时，就是确定单位所包含的货币金属重量和成色。如美国以黄金作为货币材料，货币单位名称为美元，根据1934年1月的法令，1美元的含金量为0.888671克。(2) 当流通中只有不兑现的货币而尚未与黄金脱离直接联系的情况下，则是确定本国货币单位的含金量或确定本国货币与在世界上占主导地位的货币（美元）的固定比价。(3) 当黄金在世界范围内非货币化之后，则是如何维持本国货币与外国货币的比价。这可能使本国货币的币值偏低或偏高，或要求波动幅度不超过一定的范围。

想一想：

世界主要国家的货币单位名称是什么？

（三）本位币和辅币

通货分为本位币和辅币。本位币也叫主币，是一国的基本通货，是法定的计价及结算货币，其最小规格是1个货币单位。

在铸币流通条件下，本位币有以下几个特点：一是足值的铸币，即本位币的名义价值与实际价值是一致的，有法定的重量和成色。二是可以自由铸造，但不是说人们都有权自行铸造货币，而是国家允许公民自由地向国家造币厂提供货币金属，请求代铸本位币，数量不受限制。这样能使本位币的面值与实际价值保持一致，还可以自发地调节货币流通。三是具有无限法偿的能力，即法律规定不论每次支付数额多少，商品出售者和债权人都不得拒绝接受。

辅币是本位币以下的小额货币，供日常交易与找零之用。辅币的面值通常是本位币的0.1和0.01倍，各国规定不尽相同。辅币的特点有：一是票面金额较小，通常用贱金属铸造，且不能自由铸造。二是不足值的铸币，即实际价值低于名义价值。三是有限法偿货币，即在支付行为中，一次使用辅币的数量有一定限制，如超过限额，受款人可以拒绝接受。

（四）准备制度

在金属货币制度下，必须有充足的货币金属（主要是黄金）作为后备，以便随时铸造发行，满足市场对货币的需要。

金准备制度也叫黄金储备制度，是指国家集中的货币金属准备。金准备的数量是一国货币稳定的基础。在金属货币流通的条件下，金准备的作用主要是：作为国际支付的准备金；作为国内支付存款和兑换银行券的准备金；作为扩大或收缩国内货币流通的准备金。

目前世界各国均实行信用货币制度，国内已无金属货币流通，黄金准备只作为国际支付的准备金。

二、金属货币制度

与各个历史阶段商品经济发展相适应，金属货币制度先后出现过银本位制、金银复本位制、金本位制三种类型。

（一）银本位制

银本位制是以白银作为本位币的货币制度。银币为无限法偿货币；可以自由铸造、自由熔化；可以自由输出输入；辅币和银行券可以自由兑换银币或等量白银。

由于银本身的价值不稳定，体重值小，金与银的比价逐渐拉大，银不能适应日益扩大的大宗商品交易的需要，因而银本位制在世界各国推行的时间较短。

我国早在汉代白银就成为货币金属，但直到清末颁布"币制则例"后，才正式采用银本位制。1933年国民党政府实行"废两改元"，规定银本位币单位为元。1935年实行"法币改革"，发行不兑现纸币，废除了银本位制。其他国家早在19世纪末就相继放弃了银本位制。

（二）金银复本位制

金银复本位制是指金和银同为一国本位货币的制度。金和银这两种铸币均可以自由铸造和熔化；具有无限法偿能力；均可以自由输出输入；辅币和银行券均能与之自由兑换。金银复本位制有平行本位制、双本位制和跛行本位制三种。

1. 平行本位制。就是金银两种本位币均按其所含金属的实际价值流通。国家对两种货币的交换比率不加规定，而是由市场上金和银的实际比价自由确定金币和银币的比价。

在平行本位制下，市场上每种商品都有金币价格和银币价格两种。由于金银市价不断变动，金银币的兑换比率也不断变动，用金银两种铸币表示的商品的两种价格对比关系也随市场金银比价的变化而变化。这就使货币价值尺度职能的发挥受到影响，对商品价值的衡量缺乏统一的标准。因此，平行本位制是一种不稳定的货币制度。

2. 双本位制。就是国家用法律形式规定金银之间的比价，金银按法定比价流通的本位制。如果市场金银比价大幅度波动，就会出现金币或银币的实际价值与名义价值相背离的现象。这时，实际价值高于名义价值的货币（良币）就会被人熔化，退出流通领域，而实际价值低于名义价值的货币（劣币）则会充斥市场。这就是"劣币驱逐良币"规律，又称格雷欣法则。

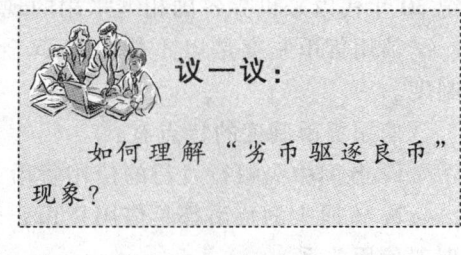

议一议：

如何理解"劣币驱逐良币"现象？

3. 跛行本位制。跛行本位制与双本位制的区别仅仅在于金币可以自由铸造而银币则不能自由铸造。已发行的银币照样流通，但停止自由铸造。这时虽然金银两种本位币同时流通，但金币少、银币多，象跛行者的一足长、一足短。经过一段时间，金币发行增多、银币逐渐减少，又形成"金足长、银足短"的跛行现象，直至最后银币完全停止流通，成为金本位制。

（三）金本位制

金本位制就是以黄金作为本位货币的制度。有三种类型：

1. 金币本位制。这是典型的金本位制。在这种制度下，金币可以自由铸造；金币具有无限法偿能力；黄金可以自由输出输入；辅币和银行券可以自由兑换成金币。这些特点使得金币数量可以自发地适应商品流通对货币的需要，流通中货币能稳定地代表一定数量的黄金价值，从而保持货币对内价值和外汇汇价的相对稳定，消除了复本位制度下存在的价格混乱和货币流通不稳的弊病，是一种较为稳定的货币制度。

金币本位制于1816年在英国推行，一些主要资本主义国家相继施行了近一个世纪。到1914年第一次世界大战爆发，金币本位制被逐渐废除。

2. 金块本位制。又称生金本位制。它是没有金币流通，而由中央银行发行以金块为准备的银行券流通的货币制度。在这种货币制度下，国内不铸造、流通金币，黄金退居准备金地位，集中储存于政府，国家发行的纸币不能自由兑换黄金，只能按规定的含金量在一定数额以上、一定用途内兑换金块。

金块本位制的维持需要国际收支平衡或有大量足以供对外支付之用的黄金为基础，如果发生国际收支逆差或资金严重外流，黄金储备不足支付，金块本位制就难以为继。

3. 金汇兑本位制。金汇兑本位制又称虚金本位制。它是指国家规定金为本位币，但国家并不铸造和使用，只发行具有含金量的银行券，并且银行券在国内不能兑换黄金，只能兑换成外汇，然后用外汇到国外才能兑换黄金的制度。实行这种制度的国家必须把外汇和黄金存于国外作为外汇基金，然后以固定价买卖外汇以稳定币值和汇价。实际上是使一国的本币（银行券）依附于一些经济实力雄厚的外国货币，从而使该国在经济上受这些强国的影响和控制，是一种附庸的货币制度。它多为殖民地国家及其附属国所采用。

1929—1933年世界性的经济危机摧毁了金本位制，取而代之的是不兑现的信用货币制度。

三、信用货币制度

（一）信用货币制度的特点

信用货币制度又称纸币制度，或不兑现的信用货币制度，也即纸币本位制。它是20世纪30年代以来世界各国相继采用的现代货币本位制度，是货币制度发展的高级阶段。

信用货币制度是以不能兑换黄金也不以黄金作担保的信用货币作为本位货币的货币制度。

信用货币制度的特点有：

1. 各国中央银行发行的信用货币是国家强制流通的价值符号，具有无限法偿能力。
2. 流通中的货币都是信用货币，包括纸币和银行存款，都是银行对所有者的负债，体现着信用关系。
3. 流通中的货币都是通过信用程序投入流通的，即是通过信用程序发行的。
4. 信用货币的发行只能依据本国经济发展的客观需要，以保持货币流通的稳定。

信用货币制度克服了金属货币制度下货币的数量受金属供给限制的缺点，使国家可以根据经济活动的客观需要来发行或回笼货币，以便灵活地调节货币供应量，进而实现对整个国民经济活动的宏观调控。同时，纸币本身造价较低，可大大节约流通费用。然而，正是由于纸币发行的人为性，也使得纸币发行存在着超过经济发展需要的可能。显然，中央银行的货币政策对调节货币流通至关重要。

（二）我国的人民币制度

我国的货币制度是人民币制度，开始于解放战争即将胜利之时。1948年12月1日中国人民银行在石家庄正式成立，同时发行人民币。

1. 人民币是我国的法定货币。人民币的本位币单位为人民币元，缩写为RMB￥，国际标准化组织代码为CNY。辅币单位为角、分，1元＝10角＝100分。严禁伪造、变造人民币；禁止出售、购买、运输、持有、使用伪造、变造的人民币；禁止故意损害人民币；任何单位和个人都不得印制、发售代币票券，以代替人民币在市场上流通。

2. 人民币的发行权属于国家。中国人民银行是国务院授权的我国唯一的货币发行机关，并坚持经济发行的原则。这里有两层含义：一是集中统一、二是经济发行。集中统一就是除中国人民银行外，任何地区、部门和单位都不准发行货币、变相货币和货币代用品。经济发行就是依据经济发展对货币的客观需要发行货币。中国人民银行把发行基金（尚未发行的货币）调入商业银行的业务库，就是货币发行。人民币发行数额、票券及铸币的种类、式样等，均要报经国务院批准。

想一想：

网游虚拟货币可否像人民币一样流通？

3. 黄金和外汇储备由中国人民银行统一管理。黄金储备和外汇储备是国家的国际储备资产，是国际支付的准备金。目前中国人民银行通过两种式运用黄金储备：一是在国际金融市场上以现货、期货等交易方式进行黄金交易，从中获取营运收益；二是发行、经销各种金币，使库存黄金产生增值。中国人民银行统一管理外汇所要达到的目的有：一是灵活调节国际收支，保证对外支付；二是及时干预外汇市场，稳定人民币汇率；三是保证外汇储备的安全、流动和增值。

小知识：

我国的五套人民币

第一套人民币于1948年12月1日发行，共有12种面额、62种票种，1955年5月10日全面停止流通。1955年3月1日发行了第二套人民币，共有11种面额13个票种，从1964年5月15日、1998年12月31日、2007年4月1日起分别停止流通。第三套人民币1959年完成设计，1962年4月20日开始发行，共有7种面额，8个票种，2000年7月1日停止流通。第四套人民币1987年4月27日开始陆续发行，至1997年4月1日止，共发行9种面额，14种票券。第五套人民币于1999年10月1日起陆续发行，共8个面额。之后人民银行对第五套人民币（1999年版）的生产工艺、技术进行了升级，改进后的2005年版第五套人民币100元、50元、20元、10元、5元纸币和1角硬币于2005年8月31日发行流通。它是对流通的1999年版人民币的继承，又是对1999年版人民币的创新和提高。

第三节 货币流通

一、货币流通的概念

货币总是在不断地运动，主要是因为商品在不断地运动。在商品流通中，货币是媒介，商品每交换一次，货币就要运动一次。货币在买卖双方转手有两种情况：一是商品与现金同时运动，即商品销售出去、现金回来，这时货币在商品交换中发挥着流通手段的职能；二是商品与货币运动相分离，即商品销售在先，货币支付在后，这时货币作为商品交换中的一个补充环节发挥支付手段职能。所以，货币流通就是指货币作为流通手段和支付手段所形成的连续不断的运动。

货币流通与商品流通密切相联系。商品流通是货币流通的基础，货币流通是由商品流通引起并受其决定，货币流通只是商品流通的表现形式。

想一想：

商品流通为什么是货币流通的基础？

货币流通并不只是简单地反映商品流通，它有自身的特点：（1）货币流通是以货币形态出现的。流通中尽管商品形态不断变化，但货币不论媒介于多少次商品流通，其形态是始终不变的。商品流通反映的是不同的使用价值间商品的交换，商品形态在流通中不断变化。（2）货币流通与商品流通的方向恰好相反。也就是通常说的"钱出去，货进来；货出去，钱进来"。（3）货币流通与商品流通的次数不同。货币流通是多次的，商品流通一般是一次性的。（4）货币流通与商品流通的范围不同。货币作为支付手段运动时就会超越商品流通的范围，如财政收支、工资收支等。

货币流通与商品流通是矛盾的统一体。我们要大力发展适销对路的商品，同时加强对货币流通的管理，使之符合货币流通规律的要求。

二、货币流通的层次

货币流通层次简称货币层次。货币层次划分的主要依据是流动性。流动性是指金融资产能够及时转变为现实购买力，并且使持有人不蒙受损失的能力。流动性越强的金融资产，现实购买力也越强，对商品流通和其他各种经济活动的影响程度也就越大。因此，流动性也可以理解为一种金融资产变为现款的能力。

（一）国际货币基金组织关于货币层次的划分

1. M_0 = 现金（现钞）。指流通于银行体系以外的现钞。即居民手中的现钞和企业单位的备用金，不包括商业银行的库存现金。

2. M_1（狭义货币）= M_0 + 商业银行活期存款。由于活期存款随时可以签发支票而成为直接的支付手段，所以它是同现金一样最具流动性的货币。

3. M_2（广义货币）= M_1 + 准货币。准货币是指由银行的定期存款、储蓄存款、外币存款以及各种短期信用工具。准货币本身虽非真正意义上的货币，但由于它们在经过一定的手续后，能比较容易地转化为现实的货币，加大流通中的货币供应量，故又称之为亚货币。

（二）我国货币层次的划分

1. M_0 = 流通中现金

2. M_1 = M_0 + 企业活期存款 + 机关团队部队存款 + 个人信用卡存款

3. M_2 = M_1 + 居民储蓄存款 + 企业定期存款 + 外币存款 + 证券公司客户保证金

议一议：

当季我国广义货币量是多少？有何特点？

4. $M_3 = M_2$ + 金融债券 + 商业票据 + 大额可转让定期存单

将现金划分为一个层次，是出于管理和控制的需要，因为我国现金在交易中所占比重较大，单独对其实行监控有特殊意义。M_1就是通常说的狭义货币供应量；M_2就是广义的货币供应量。M_3是为适应金融创新设立的，目前尚未公布数据。

三、货币流通规律

货币流通规律是指流通中货币必要量（又称货币需要量）的规律。它表明流通中货币必要量的决定因素以及它们之间量的变化关系。

货币总是不断地运动，在频繁的货币收支过程中，流通领域始终保持着一定数量的货币。这种流通领域实际存在的货币数量就是货币流通量。而货币必要量是指一定时期内，在一定规模的商品生产和流通情况下，国民经济发展所需要的货币数量，它是流通中货币数量的客观界限。现实中，货币流通量与货币必要量往往会不一致。那么，在经济正常发展、商品正常流通的条件下，社会需要多少货币？这就是货币流通规律所要回答的问题。

金属货币流通在货币流通历史上占据重要地位，是纸币流通的基础，尽管当今世界处在不兑现的信用货币制度时代，各国都是纸币流通，我们也要从金属货币流通和纸币流通两方面来看货币流通规律。

（一）金属货币流通规律

金属货币流通规律是流通中对于具有内在价值的金属货币需要量的规律。

如果货币价值不变，货币流通数量也就由流通中的商品价值总量来决定，但同一货币可在一定时间内流通多次，货币流通速度可以补充它的数量。而商品价值总值是商品数量与这些商品平均价格的乘积。因此，决定商品必要量的因素有：(1) 商品数量（Q）；(2) 商品价格（P）；(3) 货币流通速度（V）。用 M 代表流通中的货币必要量，则货币流通规律的基本公式为：

$M = QP/V$

从公式可见，流通中的货币必要量与商品价格总额成正比，与货币流通速度成反比。由于商品流通决定货币流通，在一定时期内，如果商品价格和货币流通速度都不变，则流通中的商品数量越多，商品价格的总额就越大，所需要的货币必要量也就越大；如果货币流通速度已定，商品数量越多，价格水平越高，

议一议：

货币流通量与货币必要量为什么会不一致？

所需的货币必要量就越大；如果商品数量、商品价格和货币流通速度都变化，则货币必要量就依据其变化程度而定。但是，这几个因素之间的关系是不变的。所以，货币流通规律的基本要求就是流通中的货币量应与流通中的货币必要量相适应。

（二）纸币流通规律

纸币流通规律是纸币流通条件下的特殊货币流通规律。由于纸币取代金属货币成为流通中的货币形式，使得商品流通对货币的需要量变得复杂了。因为纸币是价值符号，其本身没有价值，不具有自动调节货币流通的功能。另外，纸币是依据国家强制力量进入流通的，其所代表的金属货币量是不固定的。

纸币流通的特殊规律只能从纸币是金的代表这种关系中产生。这一规律就是：纸币发行

量取决于流通中实际需要的金属货币量。或者说，纸币的发行量要与流通中实际需要的金属货币量保持正确的比例关系。这就是纸币流通规律的基本要求。用公式表示为：

单位纸币所代表的价值量 = 流通中货币必要量 ÷ 纸币发行总量

公式表明，纸币数量越多，单位纸币所代表的金属货币量就越少；纸币量越少，单位纸币所代表的金属货币量就越多。过多地发行纸币，就会引起单位纸币实际代表的货币金属量低于它名义上所代表的量，这就是所谓的"纸币贬值"。

可见，纸币流通是在金属货币流通规律基础上产生的，并受金属货币流通规律的制约。

> **小知识：**
>
> **假币的处理**
>
> 《中华人民共和国人民币管理条例》第34、35条规定，办理人民币存取款业务的金融机构发现伪造、变造的人民币时，分两种情况处理：若数量较多、有新版的伪造人民币或者有其他制造贩卖伪造、变造的人民币线索的，报告公安机关查处；若数量较少，则由金融机构2名以上工作人员当面予以收缴，加盖"假币"字样的戳记，登记造册，还必须向假币持有人正式出具中国人民银行统一印制的收缴凭证。持有人若对被收缴的伪造、变造人民币持有异议，可以向中国人民银行或者其授权的国有独资商业银行的业务机构申请鉴定。盖有"假币"字样戳记的人民币，经鉴定为真币的，则按照面额予以兑换；经鉴定为假币的，则予以没收。

重要概念

货币　价值尺度　流通手段　支付手段　贮藏手段　世界货币　货币制度　信用货币制度　货币流通　货币流通规律

思考与实训

1. 你如何理解货币与财富的关系？
2. 列举哪些行为是违反《中华人民共和国人民币管理条例》的。
3. 上网或参观货币陈列室，了解我国的货币历史。
4. 写出世界主要国家的货币名称。
5. 找出到目前为止我国已经发行的第五套人民币的各种票券。
6. 网游虚拟货币是否可以像人民币一样流通，为什么？

第二章 信用与利率

本章导读

个人征信系统

2006年3月中国人民银行设立中国人民银行征信中心,作为其直属事业单位专门负责企业和个人征信系统(即金融信用信息基础数据库)的建设、运行和维护。2008年5月,征信中心正式在上海举行了挂牌仪式,注册地为上海市浦东新区。目前,征信中心在全国31个省(自治区、直辖市)和5个计划单列市设有征信分中心。截至2013年11月底,"个人征信系统"收录自然人8.3亿多。这些个人信用档案正逐渐成为全面反映个人借债还钱、遵守合同及遵纪守法状况的"经济身份证"。守信者可享受贷款利率优惠、授信额度增加等好处,失信者很难获贷款或承受贷款利率上升、授信额度减少等带来的经济损失。个人信用档案的建立不仅有利于商业银行防范信用风险、提高信贷效率,还提高了整个社会的信用意识,推动了我国社会信用环境的改善……这说明信用与我们每个人都有关系,那么到底什么是信用?它有哪些形式和工具?与信用紧密相联的利率又是怎么回事……本章为你解读信用与利率。

第一节 信用概述

一、信用的概念

"信用"一词源于拉丁文Credo,它有多种含义。从金融学角度可以把信用解释为:信用是以偿还为条件的借贷行为,是价值运动的特殊形式。

信用是一种借贷行为。所谓借贷就是商品或货币的所有者将商品赊销或将货币贷放出去,借者按约定的时间偿还购货款或偿还借贷本金并支付一定的利息。无论是以赊销形式进行的商品借贷或是货币的直接借贷,在借贷活动中,贷方是债权人,借方是债务人,借贷双方构成的债权债务关系是一种信用关系。

信用是价值运动的特殊形式。信用的价值运动是通过一系列的借贷、支付、偿还过程完成的，是价值单方面的让渡。它与商品买卖不同，商品买卖是商品价值与货币价值双向等量转让运动。在信用活动中，商品或货币的所有者贷出商品或货币，而不是出卖它们，即所有权并没有发生转移，让渡的只是商品或货币的使用权，因而借者到期必须偿还商品或货币的使用权。货币在这一过程中不是当作流通手段，而是充当到期支付的支付手段。

议一议：
为什么说信用是价值运动的特殊形式？

二、信用的产生和发展

信用产生和发展的基础在于商品货币经济。人类最早的信用活动产生于原始社会末期。由于生产力的发展，人类社会出现了两次社会大分工，即畜牧业从原始农业中分离出来、手工业从农业中分离出来。这使商品生产和商品交换得以较快地发展，原始公社开始解体，产生了私有制，出现了贫富的差距。贫困者为了生存必须向富有者借债。这就是最初的信用。

人类社会出现第三次社会分工后，出现了专门从事商品经营的商人。在商品交换过程中存在着商品或货币在时间和空间上分布的不均衡。也就是商品或货币时余时缺、此余彼缺。于是商品买卖采取了延期支付的形式。卖者因赊销商品成为债权人，而买者因赊购商品成为债务人，到约定期限偿还货款和利息。这种债权债务关系就是信用关系。

（一）高利贷信用

高利贷是以取得高额利息为特征的借贷活动。作为人类历史上最初的信用形式，高利贷产生于原始公社瓦解时期，在奴隶社会和封建社会得到了广泛的发展。

高利贷盘剥的对象主要是广大的小生产者，因为小生产者经济极不稳定，经不起意外事件的打击。高利贷的放贷对象还有封建主和奴隶主，他们告贷是为了满足奢侈的生活，或为了政治、军事等目的，但高额的利息支出最终还是转移给小生产者。从事高利贷放款的主要是商人，特别是从事货币经营业的商人。此外，还有寺院、教堂、修道院等也从事高利贷活动。

高利贷最明显的特点是利率高，剥削残酷。但在高利贷的盘剥下，小生产者的绝大部分劳动产品甚至连同一部分生产资料都转入高利贷者手中，加上封建主和奴隶主将高利贷本息的转嫁，使小生产日益萎缩，破坏了社会生产力。

高利贷者的长期重利剥削，积累了大量的货币财富。从封建社会向资本主义社会过渡时期，高利贷为资本主义生产方式的形成提供了物质基础。同时，大量的小生产者沦为无产者，又形成了资本主义生产方式赖以生存的社会基础——雇佣工人。但高利贷只能促进资本主义生产方式的形成，并不能创造新的生产方式，由此产生了新兴资产阶级反对高利贷的斗争。经过长期发展，现代信用随着现代银行的出现而逐渐建立。

（二）现代信用活动

随着商品货币经济的不断发展，信用也越来越发达。可以说，经济越发展，信用越发达；信用越发达，经济越发展。现代经济就是信用经济。

信用涉及现代社会经济生活的各个方面，无论是国内经济交往还是国际经济交往，无论是居民、企业还是政府以及金融机构之间都普遍存在着信用关系，信用形式也多种多样。

居民可以将收入存入银行，也可以购买股票、企业债券或政府债券，这时居民就以债权人或股东的身份出现在居民与银行、企业、政府之间的信用关系中。居民可以向银行告贷，也可以采用赊购方式进行消费，这时居民是以债务人的身份出现在居民与银行、企业之间的信用关系中。

企业作为独立自主、自负盈亏的商品生产经营者，从事生产经营活动必须具有一定的资本金，而其开展生产经营活动所需的资金往往会超过企业自有资金的规模。企业可以通过向金融机构借入、发行企业债券或股票来筹集资金；企业有暂时闲置的资金可以存入银行或作其他投资。这就形成了企业与居民、金融机构等之间的信用关系。

政府的财政收入与支出会出现不平衡，当财政支出大于财政收入即出现财政赤字时，政府往往用发行国债的方式来弥补赤字。国债的发行就形成了居民、金融机构、政府之间的信用关系。

想一想：
现代经济就是信用经济？

居民、企业和政府之间可以通过股票、企业债券、政府债券等建立直接的信用关系，也可以通过金融机构形成间接的信用关系。随着全球经济一体化的发展，国际间的信用关系也越来越发达。

三、信用的职能

（一）再分配资金

信用能将社会各方面的闲置资金汇集起来，形成一股巨大的资金力量，有力地促进资本的积聚和集中，然后通过贷款等方式投向需要资金的方面，使广大的工商企业得到生产经营所需的资金。有了信用活动，能使资本积累在更大规模和更快速度下进行，使社会生产不断向前发展。

（二）创造信用工具

在现代信用制度下，商品可以赊购赊销，加快了商品价值的实现过程，缩短了流通时间；建立在银行信用基础上的各种票据的使用，转账结算代替了现金流通，既便利了商品流通，也节省了大量费用。信用流通工具的创造，能促进商品周转的加速和流通费用的节省。

（三）调节货币流通

作为最重要信用形式的银行信用，与货币流通有着不可分割的内在联系。流通中的货币是由银行信用方式提供的，如果银行信用扩张，流通中的货币供应量就增加。银行信用是货币流通的调节器。而在当代市场经济中，货币流通能贯穿于社会经济生活的全部过程，因而信用对货币流通的调节也就是信用对社会经济生活的调节。

议一议：
为什么信用是货币流通的调节器？

小知识：

印 子 钱

"印子钱"是旧中国最有名的高利贷。放债人以高利发放贷款，本息到期一起计算，借款人必须分次归还，当贷出原本时，即扣除本利，然后按日索取每日应还的本利，到期取完。因为每次归还都要在折子上盖一印记，所以人们就把它叫做"印子钱"。

并不是所有放印子钱的都是为富不仁之人。一些大家族的遗孤或者无劳动能力的寡妇等等，为了维持生活，会卖掉租屋等筹措一笔钱来放印子，好维持生活。可是这样的人往往有放无收，因为不具备一定的后台和力量回收利息甚至本钱，也是一股弱势力量。他们往往花钱请黑社会或者有权势者帮助他们，在欺负别人的同时，也被欺负着。由此看出，印子钱是非常不规范的借贷关系。

第二节 信用形式

信用作为一种借贷行为，要通过一定形式表现出来。下面主要按信用的不同主体来介绍现代经济活动中的信用形式。

一、商业信用

商业信用是指商品生产者之间互相提供的、与商品交易直接联系的信用。企业间互相赊购赊销、预付货款、分期付款等是它的主要做法。

典型的商业信用是生产企业以赊销方式对购买商品的流通企业所提供的信用。如某个生产企业，其生产的产品需要通过流通企业进行销售，当流通企业缺乏购买这部分产品的货币资金时，就可以采用赊销方式，即约定经过一定期限，由该流通企业归还赊销的货款。

商业信用产生很早，但普遍发展是在资本主义社会。它不仅出现在一般的商业活动中，而且也被广泛地动用于生产活动中。商业信用的主要特征有：

一是分散性。商业信用是企业与企业之间直接提供的、无需通过中间环节统一集中的信用形式。其债权人和债务人都是分散在各部门、各地区的生产经营者。

二是商品性。商业信用与商品交易直接联系的信用，其提供的是商品形态，借贷行为与商品的买卖行为紧密结合在一起，因而它的使用受商品使用价值流转方向的限制。

三是自由性。商业信用是企业与企业之间发生的直接信用，企业有很大的自主权，使得它所形成的资金运动和物资运动都有较大的自由性甚至盲目性。

商业信用对商品经济发展所起的作用是明显的。它减少了中间环节，有利于加速资金周转和提高经济效益；它加强了企业之间的互相联系，有利于企业之间的相互监督；它增加了资金来源和商品销售渠道，有利于企业生产和商品流通的发展。

商业信用也有其局限性。由于商业信用是直接信用，它的规模和期限要受到企业资金规模和周转时间的限制；它的使用方向受商品使用价值的限制；它还受到企业双方了解和信任程度的局限。所以，商业信用可能使企业不了解市场供求情况而盲目扩张生产或经营，使再生产不顾需求的数量与结构而盲目扩大，并形成债权与债务链条。一旦某一企业发生偿债困难，就会对债权企业产生连锁影响，甚至可能使一系列企业都陷入债务危机之中。

想一想：

商业信用的主要缺陷是什么？

二、银行信用

银行信用是指银行等金融机构通过组织存款，以货币形式发放贷款的信用。银行信用克服了商业信用的局限性，有这样几个特征：

一是集中性。从融资方式看，银行信用属于间接融资，资金余者和资金缺者不直接进行借贷，而是通过银行形成借贷关系。银行能够把社会各方闲置资金集中起来，集少成多，续短为长，形成巨额的借贷资金，然后加以运用。银行充当了资金供应者和资金需求者的一个中介，起到桥梁的作用。

二是货币性。银行信用是以货币形式提供的，由于货币具有与一切商品交换的能力，因而银行信用不受商品流转方向的限制，可以以货币形式向各个方面提供不同额度和不同期限的信用，能在更大程度上、更大范围内满足生产经营等的需要，克服了商业信用在规模上、期限上和使用方向上等的局限性。

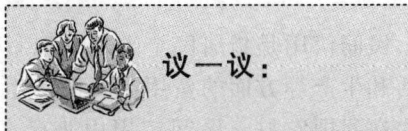

议一议：

为什么说其他信用的存在离不开银行信用的支持？

三是政策性。通过银行信用形成巨大借贷资金，生产经营者的货币收付大部分通过银行，从银行账户上数字的变动可以及时、全面地反映国民经济活动，且银行信用本身的活动要受到国家金融政策的制约，这使银行能站在宏观经济的高度面对各方面的资金需要进行有选择的资金分配。银行可以根据政府经济政策和经济效益及社会效益来确定贷款规模、贷款结构、利率水平等。

银行信用的以上几个特点，无论在规模和范围上，还是期限和管理上等都优越于商业信用，因而成为世界各国广泛采用的居于主导地位的信用形式。

在市场经济条件下，银行信用是国家宏观调控的重要手段，许多货币政策都要通过银行信用来执行。另外，其他信用形式的存在和发展都离不开银行信用的支持。

三、国家信用

国家信用是指以政府为主体的借贷活动。政府既可以作为债务人举债，又可以作为债权人放债。其典型形式是政府发行国债，用以筹措财政资金。

国家信用与商业信用及银行信用不同，它与生产和流通过程没有直接关系。用这种信用筹集的资金，

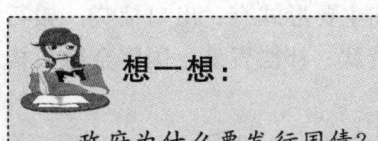

想一想：

政府为什么要发行国债？

由政府统一掌握和使用，在经济生活中是不可忽视的重要因素，发挥着特殊的作用。如调节财政收支的不平衡、调节货币流通等。

国债在一定条件下能够拉动国民经济的增长，但应该正确看待国家国债，科学、合理地运用这一信用形式为经济发展服务。

四、消费信用

消费信用是指工商企业或金融机构对消费者个人所提供的信用。主要是为消费者购买耐用消费品、接受教育、家居装修等方面服务。它具有以自然人为贷款对象、条件宽松、用途广泛、手续简便等特点。

消费信用有两种基本方式：一种类似于商业信用，由企业以赊销或分期付款方式将消费品提供给消费者，在货款付清之前，消费品的所有权仍属于卖方。另一种属于银行信用，由银行等金融机构直接以货币形式向消费者提供的用以购买住房等耐用消费品的贷款。

消费信用能在一定程度上缓和消费者有限的购买力与生活需要之间的矛盾，更好地改善人民生活和促进商品的生产和销售，但过量地发展也会导致信用膨胀，要注意消费信用的合理发展。

议一议：

如何看待目前我国的消费信用？

五、民间信用

民间信用是指居民个人之间以货币或实物所提供的信用。它主要是适应居民之间为解决生活和生产等方面的费用需要而产生的。

在我国农村，民间信用由来已久。解放前，它普遍带有高利贷性质。新中国成立后，我国的民间信用规模和范围都很小，主要是用于解决生活困难。

想一想：

你身边有民间信用发生吗？

改革开放以来，随着经济的发展尤其是个体经济和私营经济的发展，民间信用得到了较大的发展，资金使用方向也发生了重大变化。民间信用是银行信用和国家信用的重要补充，但政府必须给予正确引导。

六、国际信用

国际信用是各国银行、企业、政府之间互相提供的信用及国际金融机构向各国政府、银行、企业提供的信用。它反映的是国际间的借贷关系。

议一议：

国际信用与其他信用的主要区别在哪？

随着世界贸易的发展，国内信用形式的范围不断扩大，当扩展到世界范围内就形成了国际信用。国际信用的主要形式有：出口信贷、银行信贷、租赁信用、政府贷款、补偿贸易、国际金融机构贷款等。

小知识：

消费信用的形式

1. 分期付款。购买消费品时消费者只支付一部分货款，然后按合同分期加息支付其余货款，多用于购买高档耐用消费品如房屋、汽车等。

2. 信用卡。是由发卡机构和零销商联合对消费者提供的一种延期付款的消费信用。消费者凭卡可在约定单位购买商品和支付劳务，定期与银行结账。信用卡还可以在规定的额度内透支。

3. 消费贷款。银行及其他金融机构采用信用放款或抵押放款方式，对消费者发放贷款，按规定期限偿还本息，属长期消费信用。

第三节 信用工具

一、信用工具的概念和特征

信用工具也叫金融工具，是指在金融活动中规定债权人与债务人权利义务关系的书面凭证。它能够证明交易金额、期限、价格等内容，对当事人双方的权利与义务都具有法律约束力。在金融市场上，信用工具以股票、债券、存单、票据等不同的形式存在，它们是现实的或潜在的流通手段和支付手段。

信用工具种类繁多，但一般都应包括这样几个要素：载明信用工具的名称，如汇票、本票、股票还是债券等；信用工具本身载明当事人的权利和义务，都应具有法律效力；载明一些具体事项，如金额、有效期等内容。

信用工具是金融市场上的交易对象，也可叫"金融商品"。它可以在金融市场上买卖，并在竞争中决定其"价格"。一个活跃的金融市场必须要有相当规模的"金融商品"。信用工具对于发行者来说是一种债务或义务；对购买者来说是一种资产或权利。这种双重属性，使得信用工具能更好地适应各种资金供应者和资金需求者的不同需要。

信用工具一般具有偿还性、流动性、风险性和收益性等几个特征。

一是偿还性。偿还性是指信用工具的发行者经过一段时间后应当归还本金的特点。各种不同性质的信用工具，有不同的偿还期限。偿还期限是指信用工具实际存在的时间，或者说是债务人归还全部债务之前所经历的时间。许多信用工具都有明确的偿还时间规定，这是信用有偿性的体现。但有两种信用工具比较特别：一种是银行活期存款，因随时可以提取，其偿还期限为零；另一种是股票，因永不还本，其偿还期限为无限。

二是流动性。流动性是指信用工具可以变为现金的能力。这种能力体现在三个方面：一是自由变现时间的长短；二是变现过程中交易成本的大小，即变现时所受损失的程度和支付的费用及佣金的多少；三是债务人信用等级的高低。

三是风险性。风险性是指购买信用工具的本金是否有遭受损失的风险。这种风险包括信用风险和市场风险两类。信用风险是指债务人不履行合同、不能按约定的期限和利率还本付息所带来的风险，这类风险与债务人的信誉、经营状况等因素有关。市场风险是指由于信用工具市场价格下跌所带来的风险。

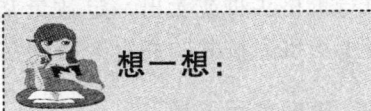

想一想：

信用工具都具有偿还性吗？

四是收益性。收益性是指信用工具可以给持有者带来一定收益的特性。收益性体现在适当的收益率上。收益率是指持有信用工具所取得的收益与本金的比率。

一般说，风险性与偿还期成正比，即偿还期限越长的信用工具，其风险性就越大；风险性与流动性成反比，即流动性较强的信用工具，其风险性就越小；风险性与收益性成正比，即收益性越小的信用工具，其风险性就越小。

二、信用工具的种类

随着信用形式的不断扩展,信用工具的种类也不断增加。对繁多的信用工具,可从不同的角度进行分类。

(一)按期限划分,可分为短期信用工具和长期信用工具

短期信用工具,亦称货币市场信用工具,是表示一年之内的债权债务关系的凭证。主要有:商业票据、银行票据、支票、短期债券、可转让定期存单、信用卡、信用证等。这类信用工具一般是期限短、风险小、流动性强。

长期信用工具,亦称资本市场信用工具,是表示一年以上的债权债务关系的凭证。主要有:股票、长期债券、长期国债等。这类信用工具一般是期限长、风险大、流动性较弱。

(二)按融资方式划分,可分为直接信用工具和间接信用工具

直接信用工具是指非金融机构如政府、工商企业和个人所发行或签署的凭证。主要有:国库券、股票、公司债券、商业票据等。这些信用工具在金融市场上可直接用来进行借贷或交易。

间接信用工具是指银行和其他金融机构发行或签署的凭证。主要有:金融债券、银行券、存单、银行票据、支票等。这些信用工具是金融中介体,即金融机构采用间接融资方式时产生的,不能用来证明企业单位或个人之间直接发生的借贷关系。

(三)按发展阶段划分,可分为基础信用工具和衍生信用工具

基础信用工具(亦称原生信用工具)是指在金融市场上较早出现的信用工具。主要以股票、债券、存单、票据等不同的形式存在,它们是现实的或潜在的流通手段和支付手段。

衍生工具是指以股票、债券及货币等金融资产的交易为基础而派生出来的信用工具。它们本身不能独立存在,是依附于股票、债券及货币等基础工具,并在此基础上通过预测利率、汇率、股价等的未来行情走势,采用支付少量保证金或权利金签订远期合同或

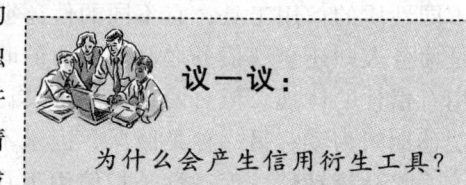

议一议:

为什么会产生信用衍生工具?

互换不同的金融商品等交易形式设计出的一系列新兴信用工具。主要有金融期货(利率期货、股票指数期货和外汇期货)、金融期权(一种赋予投资者在规定期限内按双方约定的价格或执行价格买进或卖出一定数量某种指定金融商品的权利的合约)和金融互换(两个或两个以上当事人按共同商定的条件在约定的时间内交换一系列支付款项的合约)等。

三、短期信用工具

(一)商业票据

商业票据是商业信用的工具,是商品交易时债权债务的书面凭证,一般为没有抵押品的短期流通票据。商业票据分期票和汇票两种。

1. 商业期票。商业期票又称商业本票,是债务人承诺到期支付一定金额给债权人的债务凭证。期票涉及出票人(债务人)和受票人(债权人)两方关系人。

2. 商业汇票。商业汇票是债权人命令付款人向受款者支付一定金额的书面证书。汇票涉及出票人(债权人)、付款人(债务人)和持票人(受款人)三方关系人。因为汇票由债权人开出,持票人预先要将票据交给债务人签名盖章,以示认可,汇票才能生效,这一手

续称为票据承兑。票据承兑人可以是企业，也可以是银行，前者称商业承兑汇票，后者称银行承兑汇票。

期票和汇票的出票人不同：期票的出票人是债务人；汇票的出票人是债权人。期票和汇票的付款人责任也不同：期票付款人即为出票人，负有不可撤销偿付责任；汇票付款人是第三者，汇票承兑前，付款人并不承担绝对偿付责任，若汇票拒付，出票人应承担付款责任。

票据流通可以通过背书转让。背书是持票人在票据背面签上自己的名字。为了保障持票人的利益，只有当转让人在票据背面做转让签字后，转让行为才有效。背书人一经背书即为票据的债务人，与出票人一样，要承担票据的偿付责任。

（二）银行票据

银行票据是由银行承担付款义务的信用工具。银行票据的基础是银行信用。它包括银行本票、银行汇票和支票。

1. 银行本票。银行本票是银行签发的代替现金流通的信用工具。其出票人和付款人都是银行。银行本票涉及出票人（债务人）和持票人（受票人）两方关系人。

银行本票可分为记名本票和不记名本票、即期本票和定期本票等。

2. 银行汇票。银行汇票是银行开展汇款业务的信用工具。它由银行签发，交由汇款人自带或寄给异地受款人，凭以向指定银行兑取汇款的书面凭证。银行汇票涉及汇款人、持票人（受款人）、出票人（汇出行）、付款人（兑付行）四方关系人。

3. 支票。支票是活期存款户对其开户银行签发的支付款项的命令书。支票涉及出票人（存款人）、付款人（银行）和持有人（受款人）三方关系人。支票是在银行信用的基础上产生的，经存款为依据；支票有效期限较短，见票即付；签发支票的金额，以存款余额为限。

支票按其支付方式划分，可分为现金支票和转账支票两种。现金支付可以从银行提取现金，转账支票只能用于对存款户进行转账结算。支票经过背书可以流通转让，从而替代货币发挥流通手段和支付手段的职能。

（三）大额可转让定期存单

存单是存款人在银行存入一定金额，一定期限后按约定利率计息的信用流通工具。大额可转让定期存单是由银行发行的、规定一定期限可在市场上流通转让的定期存款凭证。与普通银行定期存单相比，大额可转让定期存单有这样几个特点：面额固定、可流通转让、利率相对较高。

想一想：

你是用什么信用工具缴学费的？

四、长期信用工具

（一）股票

股票是股份公司发行的，用以证明投资者的股东身份和权益并据以获得股息和红利的凭证。股票可以作为买卖对象和抵押品，成为金融市场上主要的长期信用工具。股票一经认购，持有者不得以任何理由要求退还，只能在证券市场上转让、出售。

股东是指持有股份公司股票的人。法人和自然人都可以成为股份公司的股东。

股份是指股份公司的整个资本总额按相等金额划分成的最小计量单位。每一股份都代表一定的金额，也代表公司相应的权利和义务。

股票按不同的标准可分为不同的种类。

1. 按股东权限可分为普通股和优先股。普通股是股票的一种基本形式，是持有人在公司利润分配、表决权等方面均享有普通权利的股票。它是目前世界各国发行最多、最重要的一种股票，是股票中最为普通的形式，是构成股份公司资金的基本部分。

优先股是指股份公司在分配红利及公司清算时分配公司资产两方面比普通股享有优先权的股票。优先股可按固定的股息率先取得股息而不以公司利润的多少为转移，当公司解散时也可优先按比例分配剩余财产。相对普通股而言，其风险性较小。但优先股一般不参加公司的红利分配，持有人没有表决权，不能参加公司的经营管理。

议一议：

我国为什么要发行H、N等股票？

2. 按股票上市地点分为A股、B股、H股、N股、S股等股票。A股是指由我国境内的股份有限公司发行的、供境内机构或个人以人民币认购和交易的股票。根据投资主体的不同，又分为国有股、法人股和个人股三类。B股就是人民币特种股票，是以人民币标明股票面值，以外币认购，并在境内上市，以外币进行交易的股票。公司注册在我国境内，以外币计价，在香港上市的称H股，在纽约上市的称N股，在新加坡上市的称S股。

（二）债券

债券是用来表明债权债务关系、证明持券人（债权人）有按约定条件取得利息和收回本金权利的债权凭证。根据债券的发行主体来划分，债券可分为三大类。

1. 政府债券。政府债券按发行层次可分为中央政府债券和地方政府债券；按期限可分为短期、中期和长期政府债券。我国目前的政府债券主要是中央政府发行的国库券。国库券一般为不记名债券，出售时票面只有本金，不付利息，折扣发行，到期按票面额还本。中长期政府债券有票面金额的固定利率，一般采用剪息票的方式定期付息或到期一次还本付息。

2. 公司债券。公司债券是工商企业为了筹集资金而发行的债务凭证，反映了公司的负债关系。按是否记名，可分为记名公司债券和不记名公司债券；根据是否可转换为股票，分为可转换公司债券和不可转换公司债券。

3. 金融债券。金融债券是指银行及其他金融机构为了筹集某种专门用途的资金而发行的债务凭证。它能够较好地解决银行等金融机构的资金来源不足和期限不相配的矛盾。

（三）投资基金

投资基金是指以投资为特定目的而集合起来的货币资金。投资基金种类繁多，这里是指证券投资基金（简称基金），即一种利益共享、风险共担的集体证券投资方式。它通过发行基金单位，集中投资者的投资，由基金托管人托管，基金管理人经营资金，从事金融投资以获得投资收益。

按不同的标准，投资基金可分为不同的类型。按组织形态不同可分为公司型基金和契约型基金。公司型基金是依法成立股份公司，通过发行基金股份而筹集的基金。契约型基金是依据信托契约，通过发行受益凭证而组建的基金。

按交易方式不同，投资基金可分为封闭式基金和开放式基金。封闭式基金是指基金资本总额及发行份数在发行之前就确定下来，在发行完毕后和规定的时间内不再作调整。开放式基金是其资本总额和股份总数是不确定的，可以随时根据市场情况发行新份额或赎回股份。

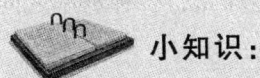小知识：

信　用　卡

信用卡（Credit Card）是一种非现金交易付款的方式。最早发行信用卡的机构并不是银行，而是一些百货商店、饮食业、娱乐业和汽油公司。1952年，美国加利福尼亚州的富兰克林国民银行作为金融机构首先发行了银行信用卡。

信用卡本世纪才开始在中国流行，近些年来发展十分迅猛。截至2010年5月底，国内信用卡发行银行和全国金融合作机构已达到41家。截至2010年年底，国内信用卡发总量已突破2亿张。2010年全国信用卡交易量达5.1万亿元，消费金额2.7万亿元。

国际上有五大信用卡品牌，威士国际组织（VISA）及万事达卡国际组织（MasterCard）两大组织及美国运通国际股份有限公司（America Express）、大莱信用卡有限公司（Diners Club）、JCB日本国际信用卡公司（JCB）三家专业信用卡公司。中国银联是经中国人民银行批准、由80多家国内金融机构共同发起设立的股份制金融服务机构，公司于2002年3月26日成立，总部设在上海。

第四节　利息和利率

一、利息

利息是债权人因贷出资金的使用权而从债务人手中取得的报酬。或者说，利息是借款人因使用贷款而支付给贷款人的代价。实际上也就是借贷资金的"价格"。在借贷资金市场上，由借贷双方力量的共同作用形成借贷资金的"市场价格"。

计算利息的基本公式：利息＝本金×期限×利率

从利息的来源看，利息是剩余价值的转化形式。利息虽然产生于供贷关系，但实质上是利润的一部分。而利润是劳动者为社会创造的剩余价值的表现形式，所以，利息是剩余价值的转化形式。

利息是利润的一部分，也就成为社会总产品的组成部分，是社会一定时期的财富的增加。借者凭借货币资本的使用权增加了财富，贷者凭借货币资本的所有权要求对财富加以分配，从而使利息成为社会财富的分配形式。

> **想一想：**
> 借贷资金为什么要有"价格"？

二、利率的种类

利息水平的高低是用利息率也即利率来表示的。利率就是借贷期限内所形成的利息额与所贷资金额（本金）的比率。利率按不同的标准可划分为各种不同的类别，各种不同的利率构成一个利率体系。也就是说，在发达的市场经济条件下，利率呈多样化，各种利率之间存在着密切的联系。

（一）基准利率和非基准利率

按在利率体系中的地位和作用来分，利率可分为基准利率和非基准利率。基准利率是指在整个利率体系中处于关键地位、起决定作用的利率。它带动和影响其他利率，是决定利率政策和构成利率体系的中心环节，它的变动可预示利率体系的变动趋势，甚至在某种程度上影响人们的预期，有所谓的告示性效应。

非基准利率是指基准利率以外的所有其他利率。它在利率体系中不处于关键地位、不起决定性作用。当然，在所有的非基准利率中，它们各自的地位、作用也是有一定区别的。

（二）市场利率和官定利率

按利率的确定，可把利率分为市场利率和官定利率。市场利率是随市场供求规律影响而自由变动的利率。官定利率是由政府金融管理部门或中央银行确定的利率。市场利率和官定利率会相互影响、相互制约。官定利率在一定程度上对市场利率起导向作用，但官定利率的制定也要参照当时的市场利率。一般说，市场经济越发达的国家，市场利率所占比重就越大。

（三）固定利率和浮动利率

按借贷期内利率是否调整，利率可分为固定利率和浮动利率。固定利率是指在整个借贷期内固定不变的利率。实行固定利率，对于借贷双方准确计算成本与收益十分便利，是传统采用的方式。但在通货膨胀条件下，实行固定利率，对债权人尤其是对长期放款的债权人会带来较大的损失。因而现在的借贷活动中越来越多采用浮动利率。

浮动利率是指在借贷期内可作调整的利率。根据借贷协议，在规定时间内依据某种市场利率进行调整，一般调整期为半年。浮动利率虽然可减少债权人的损失，但手续繁杂、计算依据多样等而较麻烦，因此多用于3年以上的借贷及国际金融市场。

（四）单利和复利

按计算方法，利率有单利和复利之分。单利是指只按本金计算利息、所生利息不再加入本金计算利息。公式为：

$I = P \cdot r \cdot n$

$S = P + I = P(1 + r \cdot n)$

公式中 I 代表利息额，P 为本金，r 为利率，n 为期限，S 为本利和。

例如，一笔为期五年、年利率为6%的10万元贷款，则

$I = 100000 \times 6\% \times 5 = 30000$ 元

$S = 100000 \times (1 + 6\% \times 5) = 130000$ 元

复利是指按一定期限，将所生利息加入本金逐期滚算，重复计息利息，俗称"利滚利"。公式为：

$S = P(1 + r)^n$

若将上例按复利计算，则

$S = 100000 \times (1 + 6\%)^5 = 133822.56$ 元

$I = 133822.56 - 100000 = 33822.56$ 元

按复利计算，比按单利计算可得利息 3822.56 元。

单利和复利都是计算利息的方法，无论哪种方法计算出来的利息，都是劳动者创造的价值。但复利和单利相比，复利更符合利息的定义和计算利息的方法。当然，对短期信用来说，单利计息也有其方便之处。

（五）年利率、月利率和日利率

按计算利率的不同期限单位，可分为年利率、月利率和日利率。

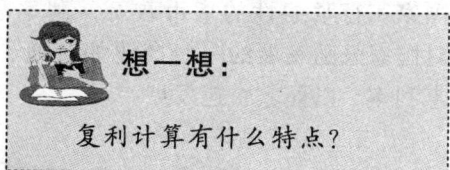

想一想：

复利计算有什么特点？

年利率，又称年息率，是按本金的百分之几来表示的利率。如本金为1000元，一年的利息是50元，则年利率为5%。习惯说法就是年息5厘。

月利率，又称月息率，是按本金的千分之几来表示的利率。如本金是100元，一个月的利息是0.5元，则月利率为5‰。

日利率，又称日息率，习惯叫"拆息"，是按本金的万分之几来表示的利率。如本金是1000元，一日的利息是0.10元，则日利率为0.01%。

年利率、月利率和日利率之间可以换算。年利率除以12（月）为月利率，除以360（天）为日利率；月利率除以30（天）为日利率。

此外，利率还可以分为长期利率与短期利率、存款利率与贷款利率、一般利率和优惠利率、名义利率和实际利率等等。

三、利率的决定

决定和影响利率变化的因素很多，但主要有以下几点。

（一）平均利润率

马克思的利率决定理论认为：利息率取决于平均利润率。马克思认为，利息是贷出资本家从借入资本的资本家那里分割来的一部分剩余价值。剩余价值表现为利润，因此利息量的多少取决于利润总额，利率取决于平均利润率。

按照马克思的利率决定理论，利率与平均利润率是同方向运动的。也就是说，利率是随着平均利润率的提高而提高、随着平均利润率的降低而降低。利率波动到底是多大，其上下限为：平均利润率＞利率＞零。利率的上限必须低于平均利润率，否则工商企业借款经营将无利可图；利率的下限必须大于零，否则银行及其他金融机构贷款将无利可图。因而利率的变化范围是在平均利润率和零之间。

（二）借贷资金供求状况

资金供求状况是影响市场利率最直接最明显的因素。在市场经济条件下，利率作为特殊的商品——借贷资金的价格，其水平高低当然随资金供求状况的变动而变动。市场上借贷资金供应紧张时，利率就会上升；反之利率下降。

（三）物价变动情况

物价变动情况往往用通货膨胀率来反映。利率与通货膨胀率紧密相关，通货膨胀率提高时，利率水平也要相应提高。在通货膨胀条件下，如果名义利率不提高，实际利率必然下降，这会影响信贷资金的来源和贷款人的经济利益。若实际利率为零，则利率杠杆作用将消失；若实际利率出现负数，则会对经济生活产生消极影响。

（四）国家经济政策

利率水平要能适应国家对宏观经济调控的要求。如政府实行扩张性的货币政策，利率总水平就要下降；国家实行紧缩性的货币政策，利率总水平就要提高。对国家鼓励发展的一些产业如交通、能源等可制定优惠利率，以促其快速发展。

想一想：

政府实行扩张性的货币政策，利率总水平为什么会下降？

（五）国际利率水平

在世界经济一体化的当代，国际金融市场利率水平及其变动趋势必然对本国利率水平有很强的"示范效应"，在制定利率时应充分考虑这一因素。

决定和影响利率变动的因素还有许多，如借贷风险、借贷期限、利率管制、税率和汇率等。任何一个时期的一项具体利率，总是由多种因素综合决定的。

小知识：

城乡居民存款基准利率（2012年7月6日起执行）

一、活期存款0.35%。

二、定期存款

（一）整存整取

三个月2.6%；半年2.8%；一年3.0%；二年3.75%；三年4.25%；五年4.75%。

（二）零存整取、整存零取、存本取息

一年2.85%；三年2.9%；五年3.0%。

（三）定活两便

按一年以内定期整存整取同档次利率打6折。

重要概念

信用　银行信用　商业信用　国家信用　消费信用　信用工具　商业期票　商业汇票　股票　债券　投资基金　支票　利息　利率　基准利率　市场利率

思考与实训

1. 列举你所接触的信用形式。
2. 写出你知道和使用的信用卡名称并简述其特点。
3. 你了解的信用工具有哪些？
4. 写出你到银行办理存款的过程。
5. 查找资料和调研：了解我国银行目前开展的消费信用情况。
6. 查找我国最近一次调整存贷基准利率情况，并分析其理由。

第三章 金融机构

本章导读

有钱和没钱的人都要去的地方

当手头有些余钱时，你会如何处理？把钱存到银行？用来炒股？用来赎买债券、基金或黄金？用来做期货……当手头没有钱而有要化钱时，你到哪里去借钱？资金富余方和资金需求方需要一个中介联系起来，这个中介就是金融机构，银行就是一个典型的金融机构，但并不是唯一的金融机构。那么我国的金融机构有哪些呢？本章将为你解读金融机构。

第一节 金融机构概述

一、金融机构的概念

金融机构是指专门从事货币资金融通活动的经济组织。它为社会经济发展和再生产的顺利进行提供金融服务，是一国国民经济体系的重要组成部分。

金融机构体系是指由各种金融机构组成的组织体系。尽管各国金融机构体系的构成各有特点，但是银行是各国金融机构体系的主体。各国的银行金融机构一般由中央银行、商业银行等部分组成；非银行金融机构制主要有保险公司、信托公司、租赁公司、证券公司、财务公司等。绝大多数国家都形成了以中央银行为中心、商业银行为主体、其他金融机构并存，并相互竞争的金融机构体系。

想一想：

可以有没有中央银行的金融机构体系吗？

我国经过几十年的努力，基本形成以中央银行为核心、以商业银行为主体、多种金融机构并存、相互协作的金融机构体系。

二、金融机构的分类

（一）按照金融机构的性质，可分为银行和非银行机构

银行主要经营存款、贷款、汇兑、结算等业务，充当信用中介和支付中介，在现代金融体系中居核心地位，包括中央银行、商业银行、政策性银行等。

非银行金融机构也称为其他金融机构，主要指经营证券承销与经纪、各类保险、信托投资以及融资租赁等金融业务的金融机构，如证券公司、保险公司、信托公司、金融租赁公司、典当行等。

（二）按照金融机构的融资机制，可分为直接融资机构和间接融资机构

直接融资机构是为融资双方牵线搭桥、提供联系服务的机构，其主要在直接融资中提供金融服务，包括证券交易所、证券承销商、证券经纪商等。

间接融资机构是为融资双方提供场所、充当媒介的信用服务机构，其主要在间接融资中提供金融服务，包括商业银行、专业银行和信托机构、投资公司、保险公司、金融租赁公司等机构。

（三）按照金融机构的资金来源，可分为存款性金融机构与非存款性金融机构

存款性金融机构是指通过吸收各种存款而获得资金的金融机构，是金融市场的重要中介，主要包括储蓄机构、信用合作社和商业银行等。

非存款性金融机构，以接受资金所有者根据契约规定缴纳的非存款性资金为主要来源的金融机构。非存款性金融机构主要是通过发行证券或以契约性的方式聚集社会闲散资金而形成资金来源，一般包括保险公司、养老基金、证券公司等。

（四）按照金融机构的活动目的，可分为金融监管机构和金融运行机构

金融监管机构是承担金融宏观调控和金融监管职责、不以盈利为目的的金融机构，在我国如中国人民银行、中国银行业监督管理委员会、中国证券监督管理委员会、中国保险监督管理委员会等。

想一想：

金融机构还有什么分类？

金融运行机构则是以盈利为目的，通过向公众提供金融产品和金融服务而开展经营的金融机构，如商业银行、投资银行或证券公司、保险公司、信托公司等。

还可以按照金融机构设立的依据，分为金融企业、金融机关、金融事业单位和金融社会团体；按照金融机构设立的区位，分为国内金融机构和国际金融机构等。

小知识：

银行业的产生

银行业起源于公元前 2000 年巴比伦寺庙和公元前 6 世纪希腊寺庙的货币保管和收取利息的放款业务。公元前 5—前 3 世纪在雅典和罗马先后出现了银钱商和类似银行的商业机构。在欧洲，从货币兑换业和金匠业中发展出现代银行。最早出现的银行是意大利威尼斯的银行（1580）。1694 年英国建立了第一家股份制银行——英格兰银行，这为现代金融业的发展确立了最基本的组织形式。

我国银行业的起点可追溯到公元前256年以前周代出现的办理赊贷业务的机构,《周礼》称之为"泉府"。南齐时（479—502年）出现了以收取实物作抵押进行放款的机构"质库",即后来的当铺,当时由寺院经营,至唐代改由贵族垄断,宋代时出现了民营质库。明朝末期钱庄（北方称银号）曾是银行业的主体,后来又陆续出现了票号、官银钱号等其他金融机构。由于长期的封建统治,现代银行在中国出现较晚。中国人自己创办的第一家银行是1897年成立的中国通商银行。

第二节 银行金融机构

一、中央银行

中央银行是国家赋予其制定和执行货币政策、对国民经济进行宏观调控和管理监督的特殊的金融机构。中国人民银行是我国的中央银行,简称央行,它是领导与管理全国金融事业的机关,是我国金融机构体系的核心。

根据《中国人民银行法》规定,中国人民银行履行下列职责：（1）发布与履行其职责有关的命令和规章；（2）依法制定和执行货币政策；（3）发行人民币,管理人民币流通；（4）监督管理银行间同业拆借市场和银行间债券市场；（5）实施外汇管理,监督管理银行间外汇市场；（6）监督管理黄金市场；（7）持

想一想：

中央银行为什么不能以盈利为目的？

有、管理、经营国家外汇储备、黄金储备；（8）经理国库；（9）维护支付、清算系统的正常运行；（10）指导、部署金融业反洗钱工作,负责反洗钱的资金监测；（11）负责金融业的统计、调查、分析和预测；（12）作为国家的中央银行,从事有关的国际金融活动；（13）国务院规定的其他职责。

中国人民银行设立的货币委员会,是中国人民银行制定货币政策的咨询议事机构。

二、政策性银行

政策性银行是由政府出资成立、为贯彻政府的社会经济政策而在特定领域从事金融活动的金融机构。

政府设立政策性银行的目的,在于实现政策性金融和商业性金融的分离,割断政策性贷款与基础货币的直接联系；既确保中央银行调控货币的自主权,又有利于保证国家重点产业和重点部门的发展,同时还减轻了政府财政的负担。1994年,我国相继组建了国家开发银行、中国进出口银行和中国农业发展银行三家政策性银行。

议一议：

为什么要设立政策性银行？

（一）国家开发银行

国家开发银行是以国家重点建设为主要融资对象的政策性开发银行，设立宗旨是为更有效地集中资金保证国家重点建设，疏通经济建设的"瓶颈"，增强国家对投资的调控能力。2008年12月16日，国家开发银行股份有限公司成立，成为我国第一家由政策银行转型而来的商业银行。

（二）中国农业发展银行

中国农业发展银行，是以承担国家粮油储备、农副产品收购、农业开发等方面政策性贷款为主要业务的政策性银行，宗旨是完善农村金融体系，更好地贯彻落实国家的产业政策和区域发展政策，促进农业和农村经济的健康发展。

（三）中国进出口银行

中国进出口银行，是以提供机电产品和成套设备等资本性货物进出口等方面政策性贷款为主要业务的政策性银行，宗旨是更好地贯彻落实国家的产业政策和外贸政策，促进我国进出口的发展。

中国农业发展银行和中国进出口银行也在进行改制。

三、商业银行

商业银行是以经营工商业存款和放款为主要业务，并以获取利润为目的的金融机构。商业银行是我国金融机构体系的主体。根据不同的组建形式，我国商业银行大致可分为以下几种类型。

（一）国有股份制商业银行

中国工商银行、中国农业银行、中国银行、中国建设银行这四家国有银行都是全国性商业银行，总行均设在北京，各省、市、自治区设分行，地、市和县区设分行、支行或办事处、分理处、储蓄所等，其各级机构网点遍及城乡。这四家银行原为国有独资商业银行，现已全部改制成为国有控股商业银行。

（二）股份制商业银行

按股份制原则组建的银行，分为全国性和地方性两类。全国股份制商业银行主要有：交通银行、中信银行、光大银行、华夏银行、招商银行、民生银行、兴业银行、平安银行、广东发展银行、深圳发展银行、上海浦东发展银行、恒丰银行、浙商银行、渤海银行等。

股份制商业银行采取股份制形式的现代企业组织架构，按照商业银行的运营原则，高效决策，灵活经营，逐步建立了科学的管理机制和市场化的管理模式，自成立伊始即迅猛发展。股份制商业银行已经成为我国商业银行体系中一支富有活力的生力军，成为银行业乃至国民经济发展不可缺少的重要组成部分。

（三）城市商业银行

最初称为城市合作银行。为了规范城市信用社的发展，增强其抵御风险的能力，从1995年开始，在原城市信用社的基础上，由城市企业、居民和地方财政投资入股组成的地方性股份制商业银行。其任务是为城市中小企业和地区经济发展提供金融服务。

（四）农村商业银行

农村商业银行是由辖内农村工商户、企业法人、农民和其他经济组织共同入股组成的股份制的地方性

> 议一议：
> 你所接触的商业银行有哪些？

金融机构。近些年许多农村信用社、农村合作银行改制为农村商业银行。

（五）外资商业银行

外资商业银行是指外国金融机构在中国境内投资设立的从事金融业务的分支机构和具有中国法人地位的外商独资金融机构、中外合资金融机构。

小知识：

网 上 银 行

网上银行又称网络银行、在线银行，是指银行利用 Internet 技术，通过 Internet 向客户提供开户、销户、查询、对账、行内转账、跨行转账、信贷、网上证券、投资理财等服务项目，使客户足不出户即可安全便捷地管理活期和定期存款、支票、信用卡及个人投资等。可以说，网上银行是在 Internet 上的虚拟银行柜台。网上银行业务不仅仅是传统银行产品简单的网上转移，其服务方式和内涵也发生了一定的变化，而且由于信息技术的应用，又产生了全新的业务品种。

网上银行又被称为"3A 银行"，因为它不受时间、空间限制，能够在任何时间（Anytime）、任何地点（Anywhere）、以任何方式（Anyhow）为客户提供金融服务。

与传统银行相比，网上银行有许多优势，如可降低银行经营成本、扩大客户群体、向客户提供多种类和个性化服务等。

第三节 非银行金融机构

一、保险公司

保险公司是经营保险业务、提供风险保障的金融机构。1949 年 10 月 20 日，新中国第一家保险公司——中国人民保险公司成立，从此我国开始独立自主地经营保险业务。但由于历史原因，从 1959 年起国内保险业务停办。伴随着改革开放的浪潮，1979 年 4 月中央作出了逐步恢复国内保险业务的重大决定，沉睡近 20 年的国内保险业务开始复苏，中国保险业进入一个崭新的发展时期。经过几十年的发展，我国保险市场经营主体从一枝独秀到百花齐放，目前已初步建成了多种组织形式和所有制形式并存、功能相对完善、分工比较合理、公平竞争、共同发展的保险市场体系。同时，随着金融市场的逐步开放，外国保险公司也陆续到中国开立分公司，目前世界上主要跨国保险金融集团和发达国家的保险公司都已进入我国，成为促进我国保险业发展的一支重要力量。

保险是指投保人根据合同约定，向保险人支付保险费，保险人对于合同约定的可能发生的事故因其发生所造成的财产损失承担赔偿保险金责任，或者当被保险人死亡、伤残、疾病或者达到合同约定的期限、

想一想：

你参加了哪些保险？

年龄时承担给付保险金责任的经济行为。或者说，保险就是运用互助共济的原理，将个人面临的风险由群体来分担，即"众人交费，统一管理，一人损失，大家分担"。也就是说：保险是一种互助行为，即将个体面临的风险经过保险公司这一中介由群体来分担；保险是一种补偿行为，一旦投保人损失发生，保险公司对风险所造成的损失就应予以补偿；保险是一种法律行为，保险这种经济补偿制度，是通过保险人与投保人订立合同，形成一种法律关系来实现的。

保险公司的主要经营活动包括财产、人身、责任、信用等方面的保险与再保险业务及其他金融业务，按照保险业务分别建立财产保险公司、人寿保险公司、再保险公司等。我国保险公司所从事保险活动的业务范围由《保险法》具体规定。

二、信托投资公司

信托投资公司是一种以受托人的身份，代人理财的金融机构。我国第一家信托投资公司是1979年成立的中国国际信托投资公司，其后信托投资公司逐步发展起来，包括中国光大国际信托投资公司、中国民族国际信托投资公司以及地方开办的信托投资机构等。

信托是指委托人基于对受托人的信任，将其财产权委托给受托人，由受托人按委托人的意愿以自己的名义，为受托人的利益或者特定目的，进行管理或者处分的行为。就是"受人之托，代人理财"。它是以信用为基础，财产为核心，委托为方式的一种财产管理制度。

要达成一项信托必须具备三个基本要素：信托行为、信托财产和信托关系人。（1）信托行为是指达成信托时所履行的构成法律行为的手续，一般指委托人与受托双方签订合同或协议。（2）信托财产指委托人通过信托行为，转给受托人并由受托人按照一定的信托目的进行管理或处理的财产。（3）信托关系人是指信托成立时所必须存在的委托人、受托人和受益人三个关系人。

我国信托投资公司的主要业务：经营资金和财产委托、代理资产保管、金融租赁、经济咨询、证券发行以及投资等。根据国务院关于进一步清理整顿金融性公司的要求，我国信托投资公司的业务范围主要限于信托、投资和其他代理业务，少数确属需要的经中国人民银行批准可以兼营租赁、证券业务和发行一年以上的专项信托受益债券，用于进行有特定对象的贷款和投资，但不准办理银行存款业务。

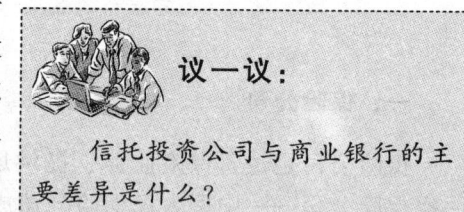

议一议：

信托投资公司与商业银行的主要差异是什么？

三、证券机构

证券机构是从事有价证券经营和相关业务的金融机构。主要包括证券公司、证券交易所、证券登记结算机构等。

（一）证券公司

证券公司又称证券商，是专门从事证券发行和交易的非银行金融机构。1987年9月，我国第一家证券公司——深圳经济特区证券公司在深圳成立，之后在上海、北京以及全国各地陆续成立了申银万国、国泰、华夏等多家证券公司。我国证券公司的主要业务有：承销有价证券、代理证券发行业务、自营买卖业务、参与企业并购、充当企业财务顾问等。

（二）证券交易所

证券交易所，是会员制的、非营利性的、为证券集中和交易提供场所的事业法人。它的主要职能有：提供证券交易的场所和设施、制定业务规划、接受上市申请并安排证券上市，组织和监督证券交易，对会员和上市公司进行监督，设立证券登记结算公司，管理和公布市场信息等等。经国务院批准，我国分别于1990年12月与1991年7月成立了上海证券交易所和深圳证券交易所。

（三）证券登记结算公司

证券登记结算公司，是为证券买卖双方提供股票过户、资金清算服务的证券机构。证券交易必然同时带来股票所有权的转移和资金的流动，为了确保过户准确和资金及时、足额到账，上海、深圳两家证券交易所都附设有登记结算公司。

想一想：

我国为什么设立两个证券交易所？

证券公司、证券交易所和证券登记结算公司三类不同的证券机构，在证券市场上各司其职，共同支撑证券市场的日常运作。

四、信用合作社

信用合作社是一种互助合作性质的金融机构。一般由个人集资联合组成，并办理放款业务。信用合作社的资金来源主要是成员缴纳的股金和向社员吸收的存款；资金运用主要是向社员发放贷款，以满足其资金融通需求及其他金融服务需求。按照地域的不同，信用合作社一般可分为农村信用合作社和城市信用合作社。

农村信用合作社是由农民和农村集体经济组织自愿入股组成，由入股人民主管理并主要服务于入股人的具有法人资格的金融机构。我国的农村信用合作社1997年之前由中国农业银行管理，1997年从农行独立出来。2005年开始，许多地方已把农村信用合作社改制为农村商业银行。

想一想：

信用合作社与一般商业银行的主要区别有什么？

城市信用合作社是由个体工商户和城市集体经济组织自愿入股组成，由入股人民主管理并主要服务于入股人的具有法人资格的金融机构。它是改革开放以后适应城市集体经济和个体经济的发展需要而在大中城市中产生的。1995年，我国开始整顿城市信用社，部分资产质量尚可的以城市区划为单位整合成了城市商业银行。

五、金融租赁公司

金融租赁公司是经营租赁业务的金融机构。1981年2月，中国第一家租赁公司——东方租赁有限公司成立，标志着现代租赁业在中国的兴起。此后租赁业经历了几次大起大落。目前存在三类租赁公司：一类是由银监会监管的金融租赁公司；一类是商务部监管

想一想：

为什么要回租租赁？

的中外合资租赁公司；一类是内资租赁公司，归商务部监管。这些租赁公司的业务范围主要有：(1) 用于生产、科研、办公、交通运输等动产、不动产的租赁、转租赁、回租租赁业

务；（2）出租物残值和抵偿租金产品的处理业务；（3）向金融机构借款及其他融资业务；（4）经批准发行债券业务；（5）担保业务；（6）经济咨询及代理业务等。

非银行金融机构还包括典当行、企业集团财务公司、资产管理公司、信用担保公司等。

 **小知识：**

我国金融机构体系的建立与发展

1. 1948—1953年，初步形成阶段。1948年12月1日，在原华北银行、北海银行和西北农民银行的基础上，合并建立了中国人民银行。到1953年前后，我国已基本上建立了以中国人民银行为核心、少数专业银行和其他金融机构为补充的金融机构体系。

2. 1953—1978年，"大一统"的金融体系。这时期全国金融机构逐步走向"大一统"的道路，中国人民银行实际上成为我国唯一的银行，垄断了几乎所有的金融业。

3. 1979—1983年，改革初期。金融机构改革中，打破长期存在的只有中国人民银行一家金融机构的格局，先后恢复和建立了独立经营的专业银行。中国农业银行、中国人民建设银行、中国银行，它们与人民银行一起构成了多元化银行体系。

4. 1983—1993年，金融机构体系初具规模。1983年9月，中国人民银行专门行使中央银行的职能；1984年1月，设中国工商银行，承办原来由人民银行负责的信贷及城镇储蓄业务；1986年以后，又增设了交通银行、中信实业银行等综合性银行，以及像广东发展银行、福建兴业银行等区域性银行。同时设立一些非银行金融机构，如中国人民保险公司、中国国际信托投资公司、城市信用社和农村信用社。经过几年的改革，建立起以中国人民银行为核心、各专业银行为主体、其他金融机构并存的金融机构体系。

5. 1994年以来金融机构体系的改革。改革的目标是建立在中央银行宏观调控之下的政策性金融与商业性金融分离、以国有商业银行为主体、多种金融机并存的金融机构体系。建立三家政策性银行；专业银行向商业银行转化；非银行金融机构发展迅猛；境外金融机构数量不断增多等。

第四节　国际金融机构

国际金融机构是指从事国际金融管理和国际金融活动的超国家性质的组织机构。国际金融机构建立以来，在加强国际经济及金融合作，发展世界经济及区域经济方面起了积极的作用。按范围可分为全球性国际金融机构和区域性的国际金融机构。

一、全球性国际金融机构

（一）国际货币基金组织

国际货币基金组织（IMF）根据1944年7月在美国布雷顿森林召开的联合国货币金融会议上通过的"国际货币基金协定"，于1945年12月正式成立，总部设在美国首都华盛顿，它是联合国的一个专门机构。

国际货币基金组织成立的宗旨是，帮助会员国平衡国际收支，稳定汇率，促进国际贸易的发展。其主要任务是，通过向会员国提供短期资金，解决会员国国际收支暂时不平衡和外汇资金需要，以促进汇率的稳定和国际贸易的扩大。

按照"国际货币基金协定"，凡是参加1944年布雷顿森林会议，并在协定上签字的国家，称为创始会员国。在此以后参加基金组织的国家称为其他会员国。两种会员国在法律上的权利和义务并无区别。

国际货币基金组织的资金来源，除会员国缴纳的份额以外，还有向会员国借入的款项和出售黄金所获得的收益。国际货币基金组织的主要业务是：发放各类贷款；商讨国际货币问题；提供技术援助；收集货币金融情报；与其他国际机构的往来。

我国是国际货币基金组织的创始会员国之一。国际货币基金组织于1980年4月17日正式恢复我国的合法席位，我国向基金组织委派理事、副理事和正、副执行董事。1991年，该组织在北京设立常驻代表处。2010年11月，国际货币基金组织执行董事会决定，我国在该组织中的份额由3.72%升至6.39%，投票权由3.65%升至6.07%，列美国和日本之后排世界第三。2011年7月26日，原中国人民银行副行长朱民出任国际货币基金组织副总裁。

（二）世界银行集团

世界银行集团是若干全球性金融机构的总称，是世界上最大的国际金融机构。

1. 世界银行，又称"国际复兴开发银行"，是1944年与国际货币基金组织同时成立的另一个国际金融机构，于1946年6月开始营业，1947年11月成为联合国的专门机构，总行设在美国首都华盛顿，目前有会员国186个。

世界银行的宗旨：一是通过对生产事业的投资，协助成员国经济的复兴与建设，鼓励不发达国家对资源的开发；二是通过担保或参加私人贷款及其他私人投资的方式，促进私人对外投资；三是鼓励国际投资，协助成员国提高生产能力，促进成员国国际贸易的平衡发展和国际收支状况的改善；四是在提供贷款保证时，应与其他方面的国际贷款配合。世界银行在成立之初，主要是资助西欧国家恢复被战争破坏了的经济，但在1948年后，欧洲各国开始主要依赖美国的"马歇尔计划"来恢复战后的经济，世界银行于是主要转向向发展中国家提供中长期贷款与投资，促进发展中国家经济和社会发展。

世界银行的资金来源除会员国缴纳的股份以外，还有向国际金融市场借款、出让债权和利润收入。其主要业务活动是提供贷款、技术援助和领导国际银团贷款。

我国是世界银行创始会员国之一。世界银行1980年5月正式恢复我国的代表权。我国从1981年起开始向该行借款。此后，我国与世界银行的合作逐步展开、扩大，世界银行通过提供期限较长的项目贷款，推动了我国交通运输、行业改造、能源、农业等国家重点建设以及金融、文卫环保等事业的发展，同时还通过

议一议：

国际货币基金组织与世界银行的区别。

本身的培训机构，为我国培训了大批了解世界银行业务、熟悉专业知识的管理人才。

2010年4月，世界银行发展委员会春季会议通过了发达国家向发展中国家转移投票权的改革方案，这次改革使中国在世行的投票权从2.77%提高到4.42%，成为仅次于美国和日本的世界银行第三大股东国。

2. 国际开发协会，是世界银行的一个附属机构，成立于1960年9月，总部设在美国首都华盛顿，凡是世界银行会员国均可参加该机构，目前有会员国169个。

国际开发协会的宗旨是，专门对较贫困的发展中国家提供条件极其优惠的贷款，加速这些国家的经济建设。国际开发协会每年与世界银行一起开年会。

国际开发协会的资金来源除会员国认缴的股本以外，还有各国政府向协会提供的补充资金、世界银行拨款和协会的业务收入。我国在恢复世界银行合法席位的同时，也自然成为国际开发协会的会员国。

3. 国际金融公司，1956年7月成立，1957年，它同联合国签订协定，成为联合国的一个专门机构。参加国际金融公司的会员国必须是世界银行的会员国，目前有会员国182个。

国际金融公司的宗旨是，鼓励会员国（特别是不发达国家）私人企业的增长，以促进会员国经济的发展，从而补充世界银行的活动。国际金融公司的资金来源主要是会员国缴纳的股金，其次是向世界银行和国际金融市场借款。其主要业务活动是对会员国的私人企业贷款，不需政府担保。我国在恢复世界银行合法席位的同时，也成为国际金融公司的会员国。20世纪90年代以来，我国与国际金融公司的业务联系不断密切。

4. 多边投资保证机构，是1988年新成立的世界银行附属机构，目前有会员国175个。其宗旨是，为发展中国家的外国私人投资提供政治风险和非商业风险的保险，并帮助发展中国家制定吸引外国资本直接投资的战略。主要对以下四类非商业风险提供担保：一是由于投资所在国政府对货币兑换和转移的限制而造成的转移风险；二是由于投资所在国的法律或行动而造成投资者丧失其投资的所有权及控制权的风险；三是投资者无法进入主管法庭，或这类法庭不合理地拖延或无法实施已做出的对投资者有利的判决，或政府撤消与投资者签订的合同而造成的风险；四是武装冲突和国内动乱而造成的风险。

5. 国际投资争端解决中心，是于1966年依据《解决国家与他国国民间投资争端公约》（也称华盛顿公约）而建立的世界上第一个专门解决国际投资争议的仲裁机构，目前有会员国144个，是通过调解和仲裁方式专为解决政府与外国私人投资者之间争端提供便利而设立的机构。其宗旨是在国家和投资者之间培育一种相互信任的氛围，从而促进国外投资不断增加。

（三）国际清算银行

国际清算银行是根据1930年1月20日在荷兰海牙签订的海牙国际协定，于同年5月，由英国、法国、意大利、德国、比利时和日本六国的中央银行，以及代表美国银行界利益的摩根银行、纽约花旗银行和芝加哥花旗银行三大银行组成的银团共同联合创立，行址设在瑞士的巴塞尔。

国际清算银行成立之初的宗旨，是处理第一次世界大战后德国赔款的支付和解决对德国的国际清算问题。1944年，根据布雷顿森林会议决议，该行应当关闭，但美国仍将它保留下来。此后，该行的宗旨转变为，增进各国中央银行间的合作，为国际金融业务提供额外的方便，同时充当国际清算的代理人或受托人。国际清算银行的资金来源主要是会员国缴纳的股金，另外，还有向会员国中央银行的借款以及大量吸收客户的存款。

现在世界上绝大多数国家的中央银行都与其建立了业务关系。1984年中国人民银行与国际清算银行建立业务关系，1996年9月中国加入该行。国际清算银行已经成为除国际货币基金组织和世界银行集团之外的最重要的国际金融机构。

二、区域性国际金融机构

(一) 亚洲开发银行

亚洲开发银行是1965年3月根据联合国亚洲及远东经济委员会（即联合国亚洲及太平洋地区经济社会委员会）第21届会议签署的"关于成立亚洲开发银行的协议"而创立的。1966年11月，在日本东京正式成立，同年12月开始营业，行址设在菲律宾首都马尼拉。

亚洲开发银行的宗旨是，为亚太地区的发展计划筹集资金，提供技术援助，帮助协调成员国在经济、贸易和发展方面的政策，与联合国及其专门机构进行合作，以促进区域内经济的发展。亚洲开发银行的资金来源主要是会员国缴纳的股金、亚洲开发基金和在国际金融市场上发行债券。我国在亚洲开发银行的合法席位于1986年恢复，为亚行的第三大认股国。

(二) 非洲开发银行

非洲开发银行在联合国非洲经济委员会的赞助下，于1964年9月正式成立，1966年7月开始营业，总部设在科特迪瓦的经济中心阿比让。2002年，因科政局不稳，临时搬迁至突尼斯至今。

非洲开发银行的宗旨是，为会员国的经济和社会发展提供资金，协调各国发展计划，促进非洲经济一体化。其资金来源主要是会员国认缴的股本以及向国际金融市场借款。我国于1985年加入该行，成为正式成员国。

(三) 美洲开发银行

美洲开发银行于1959年12月30日正式成立，1960年11月1日开始营业，总行设在美国华盛顿。是世界上成立最早和最大的区域性、多边开发银行。是美洲国家组织的专门机构，其他地区的国家也可加入，但非拉美国家不能利用该行资金，只可参加该行组织的项目投标。

美洲开发银行的宗旨是动员美洲内外资金，为拉丁美洲国家的经济和社会发展提供项目贷款和技术援助，以促进拉美经济的发展。其资金来源主要是会员国认缴的股金、向国际金融市场借款和较发达会员国的存款。我国于2009年1月正式成为美洲开发银行第48个会员国，同时也是亚洲地区第四个参加该组织的国家。

(四) 欧洲投资银行

欧洲投资银行是根据1957年《欧洲共同体条约》（即罗马条约）的有关条款组成的欧洲金融机构，于1958年1月1日成立，1959年正式开业，总行设在卢森堡。它的成员都是欧洲共同体的会员国。

欧洲投资银行的宗旨，是为了欧洲共同体的利益，利用国际资本市场和共同体本身的资金，促进共同市场平衡而稳定地发展。该行的主要业务活动是，在非盈利的基础上，提供贷款和担保，以资助欠发达地区的发展项目，改造和使原有企业现代化以及开展新的活动。其资金来源主要是向欧洲货币市场借款。

(五) 欧洲复兴开发银行

欧洲复兴开发银行于1991年4月14日正式开业，总部设在伦敦。理事会为最高权力机构，由每个成员国委派正副理事各一名，每年举行年会一次。

欧洲复兴开发银行的宗旨是在考虑加强民主、尊

> **想一想：**
>
> 为什么要设立众多区域性国际金融机构？

重人权、保护环境等因素下,帮助和支持东欧、中欧国家向市场经济转化,以调动上述国家中个人及企业的积极性,促使他们向西式民主政体和市场经济过渡。投资的主要目标是中东欧国家的私营企业和这些国家的基础设施。

（六）加勒比开发银行

加勒比开发银行是地区性、多边开发银行,1969年10月18日,16个加勒比国家和2个非本地区成员在牙买加金斯敦签署协议成立。1970年1月26日,协议生效,1月30日,举行理事会成立大会。总部设在西印度群岛巴巴多斯的首都布里奇顿。

该行的宗旨是促进加勒比地区成员国经济的协调增长和发展,推进经济合作及本地区的经济一体化,为本地区发展中国家提供贷款援助。

 小知识：

世界银行的组织结构

世界银行类似于一个合作机构,其股东为186个成员国。各股东的利益及意见由理事会代表,理事会是世界银行的最终决策者。

由于理事会每年只召开一次,因此他们授权常驻世行的24名执行董事从事具体工作。世行最大的五个股东各任命一名执行董事,而其他成员国的利益及意见则由19名执行董事代表。所以,执行董事会是世界银行负责组织日常业务的机构。

世界银行行政管理机构由行长、若干副行长、局长、处长、工作人员组成。行长由执行董事会选举产生,是银行行政管理机构的首脑,负责银行的日常行政管理工作,任免银行高级职员和工作人员,行长同时兼任执行董事会主席,但没有投票权。只有在执行董事会表决中双方的票数相等时,可以投关键性的一票。目前,来自160多个国家的10000多名工作人员就职于世界银行。其中,华盛顿总部工作人员占三分之二,其余三分之一分布于世行驻发展中国家的100多个代表处。

 重要概念

金融机构　中央银行　政策性银行　商业银行　保险　信托　外资金融机构　国际金融机构

思考与实训

1. 列举你日常生活中接触过的金融机构名称及主要业务。
2. 写出你所参加的保险种类及办理方法。
3. 你有手机银行和网上银行吗？有何使用体会？
4. 通过查找资料和调研：谈谈如何完善我国的金融机构体系。
5. 通过查找资料和调研：论述地方金融机构如何更好地为发展地方经济服务。
6. 你认为外资金融机构进入对我国金融机构有什么影响。

第四章

商业银行

本章导读

个人贷款

个人住房贷款，向在城镇购买、建造、大修各类型房屋的个人发放的贷款。包括自营性个人住房贷款即个人住房按揭贷款（包括个人一手房贷款、二手房贷款、个人商业用房贷款、个人住房抵押额度贷款等）、公积金个人住房贷款和个人住房组合贷款。

个人消费贷款，向个人发放的用于购车、住房装修、购买耐用消费品、教育、旅游等消费用途的贷款。

个人助学贷款，向高等学校中经济确实困难的全日制普通本、专科生（含高职生）、研究生和第二学士学位学生发放的，用于支付学费、住宿费和生活费用的贷款。

个人留学贷款，因出国留学需要，向留学生本人或其亲属发放的贷款。

个人汽车贷款，向个人发放的用于购买自用车的贷款。

个人助业贷款，对个人发放的用于个人从事合法生产经营活动所需资金周转的贷款。

……

随着我国金融业的发展，商业银行面向个人的贷款种类越来越多。那么商业银行的资金是怎么来的？各种贷款是如何发放和管理的？商业银行还提供什么服务……本章为你解读商业银行。

第一节 商业银行概述

一、商业银行的概念和性质

（一）商业银行的概念

走在大街上，我们不时能看到中国银行、中国建设银行、中国工商银行、中国农业银行等高耸入云的大楼和醒目的招牌；留心中国股市动态的人，不时能听到或看到深圳发展银行、浦发银行、民生银行的股价波动；在一些大中城市还能看见华夏银行、招商银行、交通银行等；我国成为WTO的成员，会有更多的外资银行进入我国，如花旗银行、汇丰银行、大通曼哈顿银行等。这些银行都可以归为一类，称之为商业银行。

商业银行，原意是指专门融通短期性商业资金的银行。但是，随着各国经济的发展，商业银行之间的竞争日益加剧，商业银行正在向经营自由化、业务多元化、机构国际化、存贷证券化方向发展，正逐渐成为长、短业务兼有，多种业务并存的银行。现在所说的商业银行是指以经营存放款、办理转账结算为主要业务，以盈利为主要经营目标的特殊金融企业。

需要说明的是，不要把"商业银行"一词中的"商业"与我们日常使用的"商业"混淆。最初使用"商业银行"这一名词在英国，主要是因为发放基于商业行为的自偿性贷款而得名。现代银行业务的发展，已远远突破了传统的面向工商企业的短期金融范围。今天，"商业银行"的提法，作为一种约定俗成即服从于习惯的专用称谓而保留下来。

(二) 商业银行的性质

1. 与中央银行相比，商业银行是企业。一般国家的中央银行是政府机构（如中国）的组成部分或者甚至超越政府之上（如美国）的机关，它以管理金融为已任，即制定国家金融政策、进行金融监管、调节宏观经济，以稳定金融和促进社会经济发展为目的，不以盈利为目标。而商业银行与之相比明显定位于企业，它直接经营货币业务和信用业务，并以追逐利润为目标，如果无利甚至亏损，在激烈的竞争中商业银行将无法生存。

2. 与一般工商企业相比，商业银行是特殊的企业。一般工商企业经营的是普通商品，如五金交电、服装鞋帽等，而商业银行经营的是特殊商品——货币，包括货币的存取、贷收、代理收付款等；商业银行主要凭借吸收存款等借入资本从事运营，而工商企业的资金来源主要依靠自有资金，只有在资金不足或临时性急需时才去银行贷款。

想一想：

为什么说商业银行是特殊的企业？

3. 与非银行的金融机构相比，商业银行是吸收活期存款的金融企业。商业银行最明显的特点是能够吸收活期存款，创造信用流通工具，也正是由于这一点，商业银行具有了特殊的职能，它所吸收的活期存款既是构成货币供给和商品交换媒介的重要组成部分，也是信用扩张即创造派生存款的重要源泉。而非银行的金融机构如保险公司、信托投资公司、证券公司等，只是从事某项专门的金融业务，其资金来源主要不是靠吸收存款，而是靠发行股票和债券、收取业务费用等方式筹措，收益来源主要不是靠贷款，而是靠投资、手续费和佣金等。

二、商业银行的职能

从1694年全世界第一家现代商业银行——英格兰银行在英国诞生至今，商业银行在社会经济生活中发挥着不可替代的职能。

(一) 信用中介职能

信用中介职能是商业银行最基本的职能，也最能体现商业银行这一机构的实质。一方面，商业银行通过吸收存款、发行金融债券等手段，把分散在社会各主体如政府、企事业单位、家庭个人等手中大量暂时闲置的货币资金集中在自己手中；另一方面，又通过贷款和投资等方式，供资金不足或急需货币的客户使用，将其投放到社会再生产各个环节中去，从而满足社会对资金的需要。在这里，商业银行利用有借有还的信用方式，充当了货币借、贷双方的中间人，使需求者和供给者各取所需，需求者得到自己急需的资本，供给者得到自己想要的利息。这一职能的最大特点是集少成多、续短为长、变死为活、变货币为资本。

（二）支付中介职能

商业银行在为客户办理与货币收付有关的技术性服务时，发挥着支付中介的职能，比如商业银行接受客户委托，保管货币、贵金属、有价证券、代理货币的收付及转账结算等等，在这里，商业银行充当不同客户的"账房"或"出纳"，从而成为全社会的"公共簿记"。这一职能的实现，大大减少了全社会的现金结算，节省了流通费用和流通时间，加快了结算过程和货币周转速度，最终起到使整个社会再生产顺利进行的作用。

（三）信用创造职能

为了便于各种存款的转移和流动，扩大自己的经营规模，商业银行在银行信用的基础上创造了代替货币的信用流通工具，如本票、期票、汇票、大额可转让存单、信用卡等。这些信用工具的面世和运用，虽然并不增加社会资金的总量，但由于可以流通转让，因而实际上也就发挥了货币的职能，从而满足整个社会不同使用者对流通手段、支付手段的需要。同时也加快了全社会资金与货币周转的速度，大大减少了现钞的印刷、运输、清点、保管等工作，从而节约了大量的费用。

商业银行通过吸收各种存款，并利用其吸收的存款发放贷款，在部分准备金（即商业银行将吸收存款的一部分上交中央银行，以用于应付客户的提取）和转账结算体系的基础上，得到贷款的客户完全有可能不提取现金或不完全提取现金，这样，使得部分贷款又回到商业银行，转化为新的存款，银行为了谋取利润又将其贷出，如此贷——存——贷——存，于是整个银行体系就形成了数倍于最初的原始存款的一种新存款，即派生存款。派生存款的出现，使信用货币数量增加，信用规模扩大。

议一议：

如何理解商业银行的信用创造职能。

（四）金融服务职能

在现代经济生活中，商业银行为工商企业和个人提供多种金融服务已成为重要的职能。一方面商业银行点多面广，信息比较灵敏，拥有众多的分支机构和大量的专业人才，特别是电子计算机在银行业务中的广泛使用，使商业银行具备了为客户提供各种金融服务如信托、租赁、咨询的客观条件；另一方面，商业银行的剧烈竞争，尤其是外资银行的大举登陆，各个商业银行都不得不开拓出新的服务领域，以便留住老顾客，吸引新顾客，最终增加银行利润，减少经营风险，更重要的是，通过与客户建立广泛的联系，通过金融服务业务的发展可以进一步促进存贷款等业务的扩大，从而形成存贷业务良性循环的互动机制。

 **小知识：**

商业银行的组织形式

商业银行的组织形式因各国政治经济情况的不同而有所不同。

1. 单一银行制，以美国为代表，银行业务完全由总行经营，不设或不多设分支机构。
2. 总分行制，在大城市设立总行，在本市及国内外各地设立分支行。目前大多数国家实行分行制，以英国最为典型。
3. 持股公司制，亦称集团银行制。由某一集团首先成立一家持股公司，再由该公司控制或收购一家或几家银行。
4. 连锁银行制，由同一个人或集团控制两家或两家以上的银行。这种控制可通过持有股份、共同指导或其他法律允许的形式完成。

第二节 商业银行的业务

尽管各种商业银行的组织形式、名称、经营内容和重点各异，但就其经营的主要业务来说，一般分为负债业务、资产业务、中间业务和表外业务。

一、负债业务

负债业务是形成商业银行资金来源的业务。商业银行要开展工作，基本前提就是要有一定数量的自有资金和吸收一定数量的外来资金，它主要包括自有资本、各项存款、各种借款和发行金融债券。

（一）自有资本

商业银行作为经营货币和信用业务的金融企业，必须拥有一定数量的自有资本，以此作为经营活动的本钱和开业的先决条件。商业银行自有资本是银行所拥有的各种财产的货币表现，它既包括商业银行开业前吸收的各个投资者投入的资本，又包括在营运后保留在银行的一部分利润。前者称为股份资本，后者称为净利润。

1. 股份资本。股份资本亦称认定资本，是商业银行初建或增资时以发行股票方式募集的资本。

2. 净利润。净利润是商业银行扣除营运成本、税金及其他支出后，尚未分配给持股者的用于银行财产清理时可供分配的积累基金。它由三个部分组成：（1）资本盈余。是商业银行股票发行价格大于股票面值金额的差额，亦称"股票溢价"。（2）储备资本。是商业银行从盈利中提取的防止银行经营亏损、扩大经营规模等有特定用途的准备金。（3）未分配利润。是商业银行扣除税金、股息和储备金后，尚未分配的盈余，是银行增加自有资本的主要资金来源。

银行自有资本所有权归属银行，将其列入负债方只是为了表明它与各种负债共同构成了银行的资金来源,不要因银行自有资本列入资产负债表的负债方而把所有权与债务搞混。

(二) 各项存款

各项存款是指商业银行所吸收的各种活期存款、定期存款和储蓄存款的总称。它是商业银行最主要的负债业务,并为实现银行各职能活动提供了物质基础。

1. 活期存款。活期存款又称支票存款。是指没有规定存款期限,客户可随时存取,而不需要事先通知银行的存款。活期存款的存户在支取存款时,一般都使用银行签发的支票,故活期存款又称支票存款。其特点有:流动性大,变现性强;有很强的派生能力;银行对存款户不支付利息,甚至还收取手续费,原因在于由于客户频繁的支取增加了银行业务量,使银行办理活期存款的成本较高。

2. 定期存款。定期存款是存款户与银行事先商定期限,并以此获得一定利息的存款。期限从30天、60天、90天、180天、1年至5年、10年不等。期限越长,利率就越高,原则上不准提前支取,如果提前支取会使利息受损。由于定期存款数量和时间都相对稳定,所以可作为商业银行长期借贷活动的资金来源。

3. 储蓄存款。储蓄存款是指社会公众将结余和待用的货币收入存入银行而形成的存款。储蓄存款一般以存折、存单、储蓄卡等形式办理存取业务,不能像支票那样流通,也不能透支。近几年来我国各商业银行在激烈的竞争中,不断提高经营管理水平和服务质量,推出了不少方便储户的措施。如同城通存通兑、异地通存通兑、定期存款自动转存、ATM自动柜员机、免填凭条、电话银行、手机银行、网上银行等等。

想一想:

定期储蓄提前支取是按活期利率计息吗?

(三) 各种借款

各种借款是指商业银行向中央银行的借款以及商业银行通过同业拆借方式向其他商业银行借入的资金等。

1. 向中央银行借款。中央银行是银行的银行,它执行最后贷款者的职能。所以当商业银行借贷资金临时不足时,可以向中央银行申请借款,又称之为中央银行的再贷款或再贴现业务。

再贴现是指商业银行把自己已买进的未到期票据再卖给中央银行以获取借款的行为,是一种以市场化和经济化的买卖为基础的借款方式。这种方式有助于中央银行通过调整再贴现率去影响商业银行的借款数量。贴现率越高,商业银行贴给中央银行的越多,到手的借款额就越少。这有助于提高商业银行自我约束,自担风险的意识。

再贷款是指商业银行为解决季节性、临时性的资金需要从中央银行取得的贷款。它具有临时融通短期周转的性质,因而不能用于放款和证券投资。

2. 同业借款。同业借款,就是金融业同行之间的临时借款。商业银行在营运资金(俗称头寸)不足时,通过向其他商业银行拆入的方式,临时借入资金,目的主要用于期限很短的贷款和弥补每日资金收付的差额,它包括同业拆借、转抵押贷款和转贴现借款三种形式。

同业拆借,也叫隔日或隔夜借款,是指银行之间利用资金融通过程中的时间差、空间差和行际差来调剂资金余缺的一种信用借贷。商业银行之间拆出和拆入资金是市场化的经济行为,其利率完全由借贷双方协商确定。转抵押借款是指商业银行在向同业拆入时,把客户的抵押品再抵押出去以取得借款的一种形式。转贴现借款是指商业银行把未到期的票据卖给同类银行以取得借款的一种形式。

(四)发行金融债券

商业银行还可以通过发行金融债券向社会募集资金从而增加商业银行的资金,以支持工商企业生产的发展和国家重点工程建设。发行金融债券的主要优点是:期限比较长,有利于银行长期使用;利率略高于同期存款,有利于筹集资金;在必要时还可通过一定条件提前收回。不利之处是审批严格,发行数量少,流动性弱,发行方式不灵活等。

各种借款和发行金融债券,由于其利率随行就市,商业银行可根据实际需要来决定借与不借、借多借少、借长借短,因此,相对于被动吸收各项存款而言,两者属主动型负债。

二、资产业务

筹措到信贷资金只是商业银行资金运作的第一步,如何把已筹集到的资金有计划、按比例使用出去并创造丰厚利润才是商业银行运作的主要目的,因为银行的资产业务是创造银行利润的重要来源。资产业务是商业银行运用其资产的业务。

(一)现金资产

现金资产是商业银行中最富流动性的部分,基本上不给银行带来直接效益,但法律对其持有量有严格的规定。现金资产包括四方面:

1. **库存现金**。库存现金指为应付客户提取现金和日常业务开支及收付需要,存放在银行金库中的现钞和硬币。银行之所以保持一定数量的库存现金是因为尽管支票、信用卡等信用工具已大大超过现金的使用,但目前还不是完全彻底的非现金社会,例如一些小额、零星的开支还需要动用现金。

2. **超额准备金**。是商业银行存放在中央银行超过法定存款准备金的那一部分存款。对这部分存款,银行随时有可能用作支付或清算,流动性非常强,与其说放在中央银行得利息,倒不如说让中央银行暂时保管以备急需更为恰当。

3. **存放在同业的存款**。这笔存款是为了同业往来及清算的方便,如汇兑、兑换、借贷、委托代理等而设在其他银行开设的往来账户上,它流动性强,具有活期存款的性质。

4. **托收中现金**。商业银行在经营中每天都会收到开户人拿来的支票或现款,其中的支票可能并非本行付款,而须向付款行收取,这种须向别的银行收款的支票称之为托收中现金。

以上四种现金资产都是为保证必要的流动性而保留的。随着货币市场、证券市场的发展,现金作为保持流动性的唯一办法被打破,许多商业银行往往采用只保留少数现金资产,较多持有国库券等短期债券和票据的办法,此举既能保证流动需要,又有可能获得一些收益。

(二)贷款业务

贷款是商业银行以一定的利率为条件,将货币资本借给资金需求者并约期收回本金的一种信用活动。贷款是商业银行资产业务的核心,在商业银行的全部资金运用中,贷款不仅是重要的盈利资产之一,而且也是商业银行扩大影响,树立良好形象的重要手段。

贷款的种类有很多,可以按不同的标志划分。

1. 按贷款的主体不同可分为单独贷款和联合贷款。（1）单独贷款是贷款发放主体由一家银行来承担的贷款。（2）联合贷款（又称银团贷款或辛迪加贷款）是指由数家银行联合共同发放一笔数额较大、条件相同的贷款。与传统的银行贷款相比，银团贷款有如下特点：金额大，可达数十亿美元；期限长，最长可达15年；风险分散；可以吸收小银行参与等。

2. 按贷款的客体可分为信用贷款、担保贷款和贴现贷款。（1）信用贷款是指银行放款时不需要任何担保品，完全凭借借款人的信誉而发放的贷款。能获得这种贷款的企业一般都有可靠的偿还能力和良好的信誉记录，同时银行也熟悉他们的经营情况，但这种放款的缺点显而易见，一旦债务人无心或无力还款时，银行只能眼睁睁看着那笔贷款付诸东流。（2）担保贷款是指有担当和保证的贷款，它包括保证贷款、抵押贷款和质押贷款。保证贷款是指按法律规定的保证方式，以第三人承诺在借款人不能偿还贷款时，按事先约定承担一般保证责任或连带责任而发放的贷款。当债务人不履行债务时，保证人按照约定履行债务或者承担责任。抵押贷款是指按法律规定的抵押方式，以借款人或第三人的财产作为抵押物而发放的贷款。当债务人不履行债务时，债权人有权依照法律规定以该财产折价或者以拍卖、变卖该财产的价款优先受偿。可以抵押的财产主要有房屋、机器、土地等。质押贷款是指按法律规定的质押方式，以借款人或第三人的动产或权利作为质物发放的贷款。可以质押的动产和权利主要有合格的商业票据、可转让的股份和商标权、专利权等。从银行管理风险角度看，担保贷款将成为贷款的主要形式。（3）贴现贷款是指贷款人以购买借款人未到期商业票据或政府债券的方式发放的贷款。借款人以未到期的票据（期票、汇票等）、债券向银行融通资金，申请贴现；银行扣取一定的费用（贴现利息）后发放相应的贷款，银行在票据到期时向票据付款人收取票面金额的款项。

3. 按发放贷款的风险程度，分为正常、关注、次级、可疑、损失五大类贷款。（1）正常贷款是指贷款人能够履行合同、有充分把握按时足额还本付息的贷款。（2）关注贷款是指尽管目前借款人有能力偿还本息，但存在一些可能对偿还产生不利影响因素的贷款。（3）次级贷款是指借款人的还款能力出现明显问题，依靠其正常的经营收入已无法保证足额还本付息的贷款。（4）可疑贷款是指借款人无法足额还本付息，即使执行抵押或担保，也肯定要造成部分损失的贷款。（5）损失贷款是指在采用所有可能采取的措施和一切必要的法律程序后，本息仍然无法收回或只能收回极少部分的贷款。次级、可疑、损失这三类称为不良贷款。

还可以按贷款的对象把贷款分为工商业贷款、消费贷款、不动产贷款；按贷款归还期限把贷款分为短期贷款、中期贷款和长期贷款等。

（三）证券投资

证券投资业务是指商业银行买入有价证券的业务。商业银行通过购买有价证券，成为有价证券的所有人或发行主体的债权人，有价证券也即成为商业银行的资产。

投资与贷款相比，具有较强的主动性和独立性，且变现能力较强。商业银行进行投资的目的主要是为了增加收益和增加资产的流动性，证券投资的主要对象是信用可靠、风险较小的证券。商业银行购买的有价证券主要有：一是政府债券，包括国库券和各种专项债券；二是金融债券，包括中央银行、商业银行、

议一议：

我国商业银行为什么不能购买股票？

政策性银行和非银行金融机构发行的金融债券。

商业银行进行证券投资的对象因金融管理体制差异而不同。有些国家，明文禁止商业银行购买工商企业的股票，如中国；有些国家，允许投资于工商企业的股票，但对其规模有严格要求限制性规定，如可以参股，但不得参加管理，以限制银行对企业的控制和垄断等。

三、中间业务和表外业务

商业银行除了经营负债、资产等信用业务之外，往往还利用其在信息、技术、机构、资金、信誉、专业人才等方面的优势，开展中间业务和表外业务。

（一）中间业务

中间业务是指商业银行不需要运用资金，代理客户支付和其他委托事项，据以收取手续费或佣金的业务。中间业务种类繁多，形式多样，而且具体种类和形式之间又往往相互和融合，这里只讲其主要内容。

1. 转账结算业务。转账结算是收款人和付款人在商业银行开立存款账户，使用商业银行规定的结算凭证，通过商业银行在不同存款账户划转货币资金的办法，以结清货币收付。这种形式适用于大额的货币收付，而小额的、零星的可以通过现金结算来处理。在实践中，转账结算方式主要有以下几种：（1）票据方式，主要使用的票据有银行本票、银行汇票、商业汇票、支票等。（2）汇兑方式，即汇款人委托商业银行将款项汇给外地收款人的结算方式，又可细分为信汇、电汇、票汇三种方式。（3）委托收款方式，即收款人向商业银行提供收款收据，委托商业银行替自己向付款人收取款项的结算方式。（4）托收承付方式，所谓托收是指销货单位根据经济合同发货后，填写托收凭证连同发货运单一并提交开户商业银行，委托其收取货款；所谓承付指购货方接到托收凭证等有关单证或验收入库后，向商业银行表示承认付款。（5）信用证，此种结算方式，避免了买方与卖方因互不相信而无法成交的局面，信用证是国际贸易中流行较广的一种支付方式，有效地促进了国际贸易的顺利发展。

2. 代理业务。代理业务是指商业银行接受客户委托，以委托人的名义代办经济事务的活动，主要是代收业务和代客买卖业务。（1）代收业务，指银行以客户名义代收各种款项。首先是代收支票款项，即客户将收到的其他银行的支票交给自己开户银行并委托其代为从其他银行收取款项，这是最频繁的代收业务；其次是代收票据款项；此外还有代收有价证券利息和股息的业务。（2）代客买卖业务，指银行接受客户委托，代替客户买卖有价证券、黄金、外汇等的业务，其中代理发行有价证券的业务最为重要。银行代公司发行股票或债券时，无论包销或代销，都能从发行总额中获得收益。

3. 银行卡业务。银行卡是银行发行、供客户办理存取款和转账支付的新型服务工具的总称。银行卡大致上有以下一些种类。（1）借记卡。其特征是用户先存钱，然后凭卡取款、购买商品和劳务，但不得透支。（2）贷记卡。即我们通常所说的信用卡，其特征是用户不需先存钱，便可以提款、购买商品和劳务，并可在一定的额度内透支。（3）准信用卡。其特征是用户先存钱，然后凭卡取款、购买商品和劳务，可以少量透支。

想一想：

你用过哪些银行卡？

商业银行的中间业务还有信托业务、咨询业务、租赁业务、保管业务等。

(二) 表外业务

表外业务是指不计入银行资产负债表，但却能够为银行带来额外收益，同时也使银行承受额外风险的业务。表外业务的特点是服务与资金的分离，它与中间业务的区别在于承担的风险不同，表外业务在一定条件下可转化为表内业务，因而承担一定的风险，而中间业务一般没有资产负债方面的风险。银行表外业务大致可分为三大类：

1. 提供担保，即商业银行为债务人提供担保，保证债务人不能及时履约时，由担保人承担责任。在普通负债、票据承兑、备用信用证、贷款出售等业务中，商业银行成为第二付款人。

2. 提供承诺，即商业银行与客户之间达成一项具有法律效力的契约，在有效期内，银行随时应客户的要求按约定的金额、利率等提供贷款。它主要有贷款承诺、票据发行便利等。

3. 衍生产品交易，包括金融期货交易、期权交易、互换交易等。衍生产品交易如果是为套期保值，并不会有很大的风险，但如果是为了盈利，又没有严格的管理制度，就可能造成损失。

 小知识：

我国的储蓄存款

储蓄存款分为活期储蓄和定期储蓄两种。定期储蓄又可分为整存整取、零存整取、存本取息、整存零取、定活两便、通知存款等多种形式。

整存整取：指约定存期、整笔存入、到期一次支取本息的一种储蓄。开户起存金额为50元，存期分别为三个月、半年、一年、二年、三年、五年六个档次。该储蓄只能一次部分提前支取。计息按存入时的约定利率计算，利随本清。

零存整取：指约定存期、每月固定存款、到期一次支取本息的一种储蓄。一般5元起存，每月存入一次，中途如有漏存，应在次月补齐。存期分为一年、三年、五年三个档次。计息按实存金额和实际存期计算。

整存零取：指本金一次存入、分次支取本金的一种储蓄。一般1000元起存，存期分一年、三年、五年，支取期为一个月、三个月及半年一次，在开户时由储户与储蓄机构商定。利息于期满结算时支付。

存本取息：指约定存期、整笔存入、分次取息、到期一次支取本金的一种储蓄。一般是5000元起存，存期分一年、三年、五年，可以由储户与储蓄机构商定。

定活两便：是以存单为取款凭证，存款时不约定存期，随时可以提取，利率随存期长短而变动的一种介于活期与定期之间的储蓄。此种储蓄有记名和不记名两种。

通知存款：是存款人在存入款项时不约定存期，预先确定品种，支取时需提前通知银行，约定支取日期及金额的储蓄。一般5万元起存，最低支取金额5万元，一次存入，可分一次或多次支取。现行通知储蓄存款无论实际存期多长，均按存款人提前通知的期限长短，分一天通知储蓄存款和七天通知储蓄存款两个品种。存款人按约定方式和期限支取存款时，银行按实际存期和支取日挂牌公告的相应档次利率计息。

我国储蓄的原则是：存款自愿、取款自由、存款有息、为储户保密。

第三节 商业银行的经营与管理

一、商业银行的经营原则

商业银行经营的原则是银行进行经营时所遵循的基本原则，它包括盈利性原则、流动性原则和安全性原则。

（一）盈利性原则

盈利性原则是指商业银行以实现利润最大化为经营目标的原则。银行的利润为各项业务收入减去经营成本后的余值。银行盈利的大小，直接影响股东红利的多少、股票市场价值的变化，同时也会影响银行的信誉和实力。可以说追求盈利是银行改进服务、开拓业务和改善经营管理的内在动力。盈利性是银行生存发展之本，它有利于吸引更多的客户，更有利于增强银行对风险的承受力。

商业银行的盈利取决于资产收益、其他收入、营运成本三个因素。

提高资产收益可以通过扩大资产规模和调整资产结构来实现。增加其他收入主要通过银行向客户提供全面、优质的金融服务来获得。降低营运成本的途径很多，如提高贷款和投资质量、降低负债成本、提高经营管理水平等。

（二）流动性原则

流动性原则是指商业银行能够及时满足存款人随时提现要求的原则。银行在经营中，一定要充分满足客户随时付现的要求，因为：第一，银行是信用中介，一旦不能做到要求即付，银行就会失去信用，引起挤兑，甚至引起社会动乱和政治动荡。第二，在竞争环境中，银行可以选择客户，客户也可以选择银行，银行要想留住客户，并吸引新客户，就必须特别注意自己的资信状况，也就是必须做到要求即付的及时性。第三，银行经营活动中，有可以预测的规律性支付活动，也有不可预测的非规律性支付活动，如意外变故、灾害、战争、动乱等。对确定支付的支付是否及时，这是对银行资信的严峻挑战和考验。

为保证坚持流动性，商业银行经营中可设"三道防线"，第一道防线是银行的库存现金。第二道防线是银行所拥有的流动性较强的债权，如在中央银行的超额存款准备、在同业的存款等。因为可随时支配、随时调度，上述二者被称为一级准备。第三道防线是银行所持有的流动性很强的短期有价证券，因为有很强的流动性，这道防线常被称为二级准备。

（三）安全性原则

安全性原则是指商业银行在经营中应尽量减少经营风险的原则。银行经营的风险主要来自贷款的信用风险和投资证券的市场风险，银行在经营中一定要注意避免风险或将风险降到尽可能低的程度。

银行主要靠负债开展资产业务，自有资本占总资产的比率非常低，为保证充分的支付能力，银行在经营中必须加强管理，以保证安全。银行经营对象的特殊性也使得商业银行必须以安全为基本原则。银行经营的是货币，它在经济生活中最活跃，也最易受各种复杂因素的影响。一时升值，一时贬值，一时狂扬，一时沉淀，加之货币形态的资金（成本、利润、利息）的变动更是难以预测，资金运用能否按期如数收回，确实难以预料。在竞争激烈的市场经济中，商业银行要有盈利且得到发展，必须强调安全性。

在银行经营中，保证安全抵御风险的办法主要有增加银行资本金的数量、完善银行资产的结构、降低风险资产比重等。

以上三个原则是统一的，也是对立的。但总体上说，安全性是前提，流动性是条件，盈利性是目的。无资金的安全无损，就不可能有盈利；无资金的正常流动，就不能顺利开展各项信用中介业务；无盈利，则不必谈安全性和流动性。因此，只有从实际出发，统一协调，寻求最佳组合，才是商业银行努力的目标。

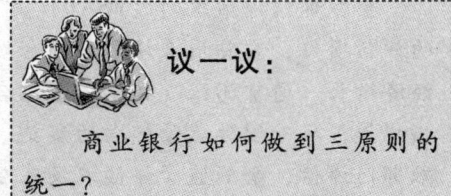

议一议：

商业银行如何做到三原则的统一？

二、商业银行的资产负债管理

资产负债比例管理，就是对商业银行资产和负债进行全面管理，协调资产和负债项目在期限、利率、风险和流动性方面的搭配，尽可能使资产、负债达到均衡，以实现安全性、流动性和盈利性的完善统一。

长期以来，我国商业银行都实行"限额管理"，即中国人民银行制定指令性的信贷计划，作为商业银行贷款的最高限，不得突破，这种计划管理模式的最大弊端是不按市场规律来配置贷款资源，从而不利于提高信贷资产的质量。

随着世界经济全球化与一体化趋势的显现、市场经济的发展，银行业的竞争也日趋剧烈。银行为了求得生存和发展，必须追求高额利润；但另一方面，市场的复杂化使商业银行在经营过程中面临各种各样风险，这就要求银行除盈利以外，还必须兼顾安全性、流动性两个目标，而这又与效益性发生矛盾。为了妥善处理好三者之间的关系，就要求银行的资产与负债按照一定原则，保持恰当的比例。

1994年中国人民银行制定了《商业银行资产负债比例管理暂行监控指标》，要求商业银行全面推行资产负债比例管理制度，即以比例加限额控制的方法，对商业银行的资产负债实行综合管理。

1997年1月1日起执行《商业银行资产负债比例管理监控、监测指标和考核办法》，原指标体系和考核办法同时废止。2006年1月1日起执行《商业银行风险监管核心指标（试行）》，同时废止《商业银行资产负债比例管理监控、监测指标和考核办法》。2011年4月银监会发布《中国银行业实施新监管标准的指导意见》，该意见立足国内银行业实际，借鉴国际金融监管改革成果，完善银行业审慎监管标准。根据《第三版巴塞尔协议》确定的银行资本和流动性监管新标准，在全面评估现行审慎监管制度有效性的基础上，提高资本充足率、杠杆率、流动性、贷款损失准备等监管标准，建立更具前瞻性的、有机统一的审慎监管制度安排，增强银行业金融机构抵御风险的能力。

想一想：

为什么要对银行实行资产负债比例管理？

 **小知识：**

金融部门评估规划

金融部门评估规划（FSAP）是国际货币基金组织和世界银行于1999年5月联合启动的评估项目，主要用来评估各国金融体系的稳健性（脆弱性）。其中包括宏观审慎指标如经济增长、通货膨胀、利率等，综合微观审慎指标如资本充足性、盈利性指标、资产质量指标等，推动国际监管标准的实施。FSAP评估的内容包括金融结构和金融发展评估、金融部门评估、金融监管评估以及基础设施评估。

2009年8月，中国人民银行会同外交部、财政部等部门研究启动我国FSAP评估相关工作，成立了FSAP部际领导小组和部际工作小组。通过近三年的努力，主要评估报告的英文版已于2011年11月和2012年4月分两批次在国际货币基金组织和世界银行网站全文公布。此次FSAP是中国金融体系首次接受国际组织进行的独立评估，对我国金融业发展具有重大意义。

 重要概念

　　商业银行　资产业务　负债业务　中间业务　表外业务　贷款　信用贷款　担保贷款　正常贷款　关注贷款　次级贷款　可疑贷款　损失贷款

思考与实训

1. 写出你所知道的商业银行的名称并简述其特点。
2. 写出你到银行（储蓄所）存款或取款的程序。
3. 你所了解的商业银行的业务有哪些？
4. 了解你和你家庭向商业银行贷款的有关情况。
5. 写出你网购的支付过程。
6. 查找资料和调研：你认为商业银行如何更好地控制风险。

第五章

中央银行

本章导读

中央银行

1948年12月1日,以华北银行为基础,合并北海银行、西北农民银行,在河北省石家庄市组建了中国人民银行。1949年2月,中国人民银行由石家庄市迁入北平。

在计划经济时代,中国人民银行是中华人民共和国唯一的银行,同时履行中央银行和商业银行的职能。

1983年9月,国务院决定中国人民银行专门行使中央银行职能。1984年国家将商业银行的职能剥离出去成立中国四大银行(中国银行、中国农业银行、中国工商银行、中国建设银行)后,中国人民银行成为专职的中央银行。

1995年3月18日,第八届全国人民代表大会第三次会议通过的《中华人民共和国中国人民银行法》第一次以法律形式确定了中国人民银行是中华人民共和国的中央银行。

可见,中国人民银行成为我国的中央银行经历了漫长历程,也见证了我国金融业的改革与发展。那么什么是中央银行?它能干什么……本章为你解读中央银行。

第一节 中央银行概述

一、中央银行的性质

中央银行是制定和实施货币政策、管理金融活动并代表政府协调对外金融关系的金融管理机构。虽然世界各国的社会历史状况不同、政治和经济制度不同、金融环境也不同,但中央银行都毫无例外地成为一国最高的金融管理机构。我国的中央银行——中国人民银行作为领导和管理全国金融事业的机构,其性质主要表现在以下两个"特殊"上。

（一）中央银行是特殊的金融机构

中央银行也是银行，在货币、信用活动的内容与形式上与其他银行一样，它也办理存款、放款、结算等项业务，有自己的资产负债表，其管理手段主要是采取经济办法。但它又是一个特殊的金融机构，其特殊性表现在：

1. 中央银行的服务对象（客户）与其他银行不同。它不是工商企业、单位和居民个人，而是政府机构与普通银行。也就是中央银行不经营普通银行的业务。

2. 中央银行的经营目的与其他银行不同。它不以盈利为目的，而是以稳定货币、促进经济发展为目的。

3. 中央银行还享有其他银行所不能享有的特权。诸如垄断货币发行权、代理国库、充当整个社会的最后贷款人等。

想一想：

为什么要有中央银行？

（二）中央银行是特殊的国家管理金融的机关

1. 中央银行管理与服务的领域与其他政府机关不同。它固定在货币、信用领域，它是制定和执行金融政策的部门，是国家控制和调节信用的机构。

2. 中央银行管理的手段与其他政府机关不同。它以运用利率、货币供应量等经济手段为主，而不象其他政府机关以行政手段为主。

二、中央银行的职能

我国中央银行的职能，在《中国人民银行法》第一章第四条的13条职责中作了明确的规定，这些具体的职责可归纳为中央银行的三大职能。

（一）中央银行是"发行银行"

中央银行代表政府享有货币发行的垄断权。也就是说，中央银行作为货币政策的最高决策机构，在决定国家的货币供应量方面有至关重要的作用，是国家唯一的货币发行机构。从中央银行产生和发展的历史看，独占货币发行权是其最先具有的职能，也是区别于其他普通商业银行的根本标志。

中央银行独占货币发行权，有利于统一国内的货币形式，避免货币流通的混乱；有利于中央银行成为控制货币流通的"总闸口"，维护币值稳定；有利于中央银行增强自身的资金实力，为执行货币政策、实施有效的宏观调控提供资金力量。

（二）中央银行是"政府银行"

中央银行代表政府贯彻执行政府的金融政策，管理全国的金融机构和金融活动，为政府提供各种金融服务。

中央银行代理国库，办理政府的各种收付和清算业务；代理政府发行政府债券及债券到期的还本付息事宜；购买政府债券，为政府筹集资金；代表政府参加国际金融组织，处理国际金融事务；代理政府进行黄金与外汇交易，管理国家的黄金外汇储备；制定政府的货币政策，指导和管理金融市场活动等。

议一议：

如何理解中央银行是"政府银行"？

（三）中央银行是"银行的银行"

中央银行不直接与工商企业和个人发生信用关系，只与商业银行和其他金融机构发生业务往来，所以是银行的银行。

1. 中央银行是商业银行的现金准备中心。商业银行必须向中央银行缴存存款准备金，也就是有所谓的法定存款准备金制度。其主要目的有：一是提高商业银行的清偿能力，以备客户提现，从而保证存款人的资金安全和商业银行的信誉。二是中央银行可以发挥这部分资金的基础货币作用，成为调节货币供应量的重要手段。

2. 中央银行是商业银行的最后贷款人。商业银行一方面向中央银行上缴存款准备金；另一方面，当资金短缺时可向中央银行借款。最后贷款人，是指中央银行可根据情况向出现流动性问题的商业银行提供资金援助，以避免银行支付链条的中断而引起金融危机。中央银行可以凭借发行银行的实力成为理所当然的最后贷款人。

3. 中央银行是全国清算中心。中央银行通过票据交换所为各商业银行及其他金融机构相互间应收应付的票据进行清算，成为最后清算的银行。商业银行每天都要受理大量的票据，必须及时清算。通过在中央银行开立的活期账户进行转账和划拨，可以快速地完成清算。

三、中央银行与政府的关系

（一）中央银行具有相对的独立性

中国人民银行的性质决定了它的特殊地位，其相对独立性主要表现在以下几个方面。

想一想：

中央银行为什么要具有相对独立性？

1. 中国人民银行的组织机构及干部管理实施由总行垂直管理的管理体制。中国人民银行的分支机构是总行的派出机构，其主要职责是按照总行的授权，执行全国统一的货币政策，并主要负责本辖区的金融监管，而并不负责为地方经济发展筹集资金。

2. 中国人民银行相对于国务院其他部委和地方政府具有明显的独立性。根据《中国人民银行法》的规定，中央银行依法独立履行职责，不受地方政府、各级政府部门、社会团体和个人的干涉。

3. 中国人民银行与政府财政的界线也是十分明显的。中国人民银行在业务上代理财政金库，但在资金上除财政资金划拨外，中国人民银行不向财政投资，也不对财政贷款，不直接认购与包销政府债券。这进一步说明了中国人民银行的独立性。

（二）中央银行与政府的协调性

中央银行与政府的独立是相对的，它的性质与职能决定了它与政府必须保持协调的关系。这种协调关系体现在以下几方面：

1. 政策目标的一致性。作为政府的银行，其调控经济的目标必须与政府宏观经济目标保持一致，各国均无例外。

2. 政策手段一致性。中央银行货币政策手段的出台，不论是利率调整、存款准备金比率调整、再贴现率的调整还是公开市场业务的实施，都必须有利于政府宏观经济目标的实现。

3. 货币政策与财政政策的协调性。货币政策与财政政策各有特色，各有侧重。因此，在实施过程中必须相互协调，才能实现政府的宏观经济目标。

小知识：

货币政策委员会

我国在 1997 年 7 月设立了货币政策委员会，作为中国人民银行制定货币政策的咨询议事机构。根据国务院颁布的《中国人民银行货币政策委员会条例》，货币政策委员会的主要职责是根据国家的宏观经济调控目标，讨论下列货币政策事项，并提出建议：一是货币政策的制定和调整；二是一定时期内的货币政策控制目标；三是货币政策工具的运用；四是有关货币政策的重要措施；五是货币政策与其他宏观经济政策的协调。

第二节 中央银行业务

《中国人民银行法》规定的中国人民银行的 11 项职责，是我国中央银行业务的具体体现。本节从中央银行的资金运动角度来讨论中央银行业务。

一、中央银行的负债业务

中央银行的负债业务，是形成中央银行各种资金来源的业务。

（一）货币发行

作为货币发行的银行，中央银行享有垄断货币发行的特权，从而形成它的主要负债业务。

货币发行是指中央银行向流通领域投放货币的活动。货币是一种债务凭证，中央银行发行货币表明它对社会公众的负债。但社会公众对手中持有的货币，由于它可以购买任何商品或劳务，是社会财富的象征，并不认为是对中央银行握有债权。中央银行的这种债务由于事实上长期无需清偿而使它成为独有的资金来源。可见，现代货币发行，对发行人来说，一方面是负债业务，另一方面是它的一种净收益。

中央银行实现货币发行的渠道主要有：一是中央银行向商业银行和其他金融机构提供贷款；二是中央银行对商业银行和其他金融机构进行商业票据再贴现；三是中央银行购买有价证券及收购黄金和外汇。通过这几个渠道后形成流通中的货币。

议一议：

中央银行如何实现货币的合理发行？

（二）代理国库

作为政府的银行，中央银行代理国库，所有政府财政的收入与支出均由中央银行办理，全国的税收收入与国债收入等财政收入都必须先入库，即经常大量的财政存款构成了中央银行的负债业务。这些财政资金，经过预算分配，下拨给行政事业单位作为经费后,又形成行政事业单位的财政性存款,它与财政存款一样也是中央银行的负债。

(三) 集中存款准备金

作为银行的银行,中央银行是各金融机构的最后贷款人,各国中央银行都有存款准备金制度的规定。

存款准备金有两部分组成:一是法定存款准备金;二是支付准备金(又称超额准备金)。中央银行集中存款准备金,最初只是为了应付商业银行和其他金融机构的存款人大量挤兑存款的需要,以保证银行业的清偿能力和金融业的稳定。后来,中央银行利用提高或降低存款准备金率来调节商业银行的放款能力,使存款准备金率成为中央银行执行货币政策的一个重要手段。可见,存款准备金制度的规定,不仅使中央银行又增加了一块固定资金来源,同时还增强了中央银行的宏观调控能力。

(四) 资本业务

中央银行的资本业务就是筹集、维持和补充自有资本的业务。中央银行为了保证正常的业务活动必须拥有一定数量的自有资本。中央银行的自有资本形成的主要途径有政府出资、国有机构出资、私人银行或部门出资等。

(五) 其他负债

中央银行的其他负债是除以上负债项目外的负债,如对国际金融机构的负债或中央银行发行债券等。

二、中央银行的资产业务

中央银行的资产业务,是构成中央银行资金运用的业务。

(一) 再贷款业务

中央银行对金融机构的贷款称再贷款。它体现了中央银行作为"最后贷款人"的职能。这种贷款的目的是为了解决商业银行短期资金周转的困难,一般贷款利率比较优惠,贷款期限较短。其形式主要有信用放款和再抵押贷款等。

想一想:

中央银行为什么不能向政府贷款?

(二) 再贴现业务

再贴现是商业银行将其贴现收进的未到期票据提交中央银行再办理贴现的融资行为。它构成了中央银行的资金运用。中央银行也可以通过再贴现率来调控信贷规模进而调控市场货币供应量。再贴现与再贷款的主要区别在于再贷款是先贷款后收利息,而再贴现是先扣收利息。

(三) 公开市场业务

公开市场业务是中央银行在金融市场上公开从事有价证券买卖的业务。中央银行通过在金融市场上买卖有价证券来达到调控市场货币供应量的目的。公开市场业务的一般操作原理是:当银根需要紧缩、减少市场货币供应时,则卖出有价证券;反之,需要扩张信用、增加市场货币供应量时,则买进有价证券。中国人民银行公开市场业务的主要工具是国债。

(四) 黄金外汇储备业务

这是《中国人民银行法》赋予中央银行的一项重要职责。中国人民银行基于国际交往、稳定汇价以及稳定币值的需要，通常要保留一定数量的金银与外汇储备，而黄金与外汇储备就占用了中央银行的资金，构成了它的又一资产业务。

三、中央银行的中间业务

中央银行的中间业务是指中央银行为商业银行和其他金融机构办理资金划拨清算和资金转移的业务。

中央银行提供支付清算服务是履行其"银行的银行"职能的重要表现之一。中央银行的清算业务主要包括票据集中交换、集中清算交换差额、办理异地资金转移等。

议一议：

中央银行支付清算体系的意义。

我国中央银行的支付清算体系已步入适应现行银行体制、为市场经济和对外开放条件下的经济及社会活动提供现代化支付清算服务的阶段。通过现代计算机技术和通信网络自主开发建设，中央银行将形成一个以现代化支付系统为核心，商业银行行内系统为基础，各地同城票据交换所并存，支撑多种支付工具的应用和满足社会各种经济活动支付需要的中国支付清算体系。

小知识：

欧洲中央银行

作为欧元区国家发行货币、制订和执行货币政策、监管金融体系的核心——欧洲中央银行于1998年6月宣布诞生。1999年1月1日成功启动欧元后，欧洲央行在制订和执行货币政策方面都取得了一定成果。欧洲中央银行跨越10多个经济发达的主权国家行使中央银行职能，这是世界各央行发展过程中史无前例的创新。

第三节 中央银行的货币政策

货币政策是中央银行为实现既定的宏观经济目标而采取的调节与控制货币供应量进而影响宏观经济的方针和措施的总合。货币政策在国家的客观经济政策中居于十分重要的地位。它同财政政策、进出口政策一起构成国家调节经济的主要宏观经济政策。货币政策的基本内容包括货币政策目标，货币政策工具以及货币政策传导机制等。

一、货币政策的目标

货币政策目标是组织和调节货币流通的出发点和归宿，是制定和执行货币政策的根本依据，也是衡量货币政策实施效果的基本标准。货币政策目标由最终目标、中介目标等几个层次有机组成。

（一）货币政策的最终目标

货币政策的最终目标是中央银行通过货币政策操作最终想要实现的宏观经济目标。其具体内容包括：

1. 币值稳定。币值稳定目标又称为物价稳定，它是最早出现的货币政策目标。币值稳定就其自身要求而言，要求既要防止通货膨胀，又要防止通货紧缩。

一般而言，消费物价指数、批发物价指数和国民生产总值平减指数这三种主要指标可用来反映物价水平的变动程度。由于三种指标各有利弊，各国货币当局均结合本国国情来确定具体指标，我国采取零售物价指数来测度物价水平的变动。

由于物价水平长期固定不变在实践上是不可能的，同时这种物价的绝对不变对促进经济发展也是不利的。因此，人们主张一种物价水平相对稳定这样一种目标，一般认为物价上升率控制在3%—5%之内就基本上可以算作实现了物价水平稳定目标。可见，我们强调物价水平稳定只是一种相对稳定，具体而言，就是抑制过高的"通胀"和避免"通缩"两个主要内容。

2. 充分就业。充分就业是指凡有工作能力并愿意工作的人，都能在较合理的条件下找到现行工资率付酬的职业。一般以失业率指标来衡量劳动者的就业程度，所谓失业率是指社会上具有工作能力并愿意工作但没有工作的失业人数与愿意就业的劳动者的比率，失业率的高低代表了社会的充分就业程度。

应当指出，充分就业并不是指愿意就业的劳动者的100%的就业，一个社会保持3%—5%的失业率认为是有助于经济发展的。可见，充分就业目标的实质应当理解为努力使失业率降低至一个社会所能容忍的水平。

3. 经济增长。经济增长是指一国一定时期内所生产的商品与劳务总量的增长以及与其相应的供给能力的增长。商品和劳务总量的增加是衡量一国国民经济增长程度的直接依据，相应供给能力的增长，反映了一国经济提供商品与劳务的能力。一般以国内生产总值（GDP）或人均国内生产总值来衡量与测算。

4. 国际收支平衡。判断一国的国际收支平衡与否，就是看自主性交易平衡与否，是否需要调节性交易来弥补。如果不需要调节性交易来弥补，则称之为国际收支平衡。反之，如果需要调节性交易来弥补，则称之为国际收支失衡。

因为一国国际收支出现失衡，无论是顺差或逆差，都会对本国经济造成不利影响，长时期的巨额逆差会使本国外汇储备急剧下降，并承受沉重的债务和利息负担；而长时期的巨额顺差，又会造成本国资源使用上的浪费，使一部分外汇闲置，特别是如果因大量购进外汇而增发本国货币，则可能引起或加剧国内通货膨胀。

如果一国的货币政策能同时实现上述的四大目标，那当然是再好不过的事情了。但四大目标之间是存在着一些内在冲突的。例如，充分就业与币值稳定之间的矛盾（菲利普斯曲线）；经济增长与币值稳定之间的矛盾；国际收支平衡与币值稳定之间的矛盾等。从而使人们不可能兼顾全部目标，只能权衡各目标对当前形势的轻重而选择一个或几个目标作为货币政策的最终目标。

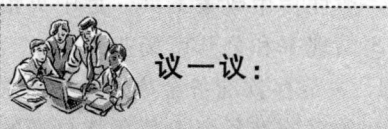

议一议：

充分就业与物价稳定之间的关系。

我国是采用单一目标的货币政策。《中国人民银行法》规定我国货币政策的最终目标是

"保持货币币值的稳定,并以此促进经济增长"。

我国之所以选择稳定币值作为我国中央银行的货币政策目标,主要是基于这样几个方面:一是货币稳定是经济正常运行的前提和基础。二是对我国金融宏观调控实践经验的总结,符合我国的国情。

(二) 货币政策的中介目标

由于货币政策最终目标是货币当局在一个较长时期中所力图实现的目标,所以从货币政策实施到最终目标变量的变动中间会存在一个较长的时滞,从而不利于货币当局及时调整货币政策以及有效控制货币政策的影响力度。因此客观上需要设立一套中介目标,以有利于货币政策的灵活运用。

中介目标是货币政策调控过程中一个十分重要的传导环节,其选择是否正确,关系到货币政策最终目标能否实现。选择中介目标应符合这样几个标准:一是可测性。选择的金融变量要具有明确而合理的内涵和外延,中央银行能迅速而准确地收集到有关指标的数据,且便于观察、分析和监测。二是可控性。中央银行能较准确地控制金融变量的变动状态及变动趋势。三是相关性。中央银行通过对中介目标的控制,能促进货币最终目标的实现。

根据以上标准,一般而言,中介目标主要选择货币供给量、利率、基础货币等。

1. 货币供应量。由于货币供应量的变动能够直接影响经济活动,同时中央银行可通过控制基础货币来间接控制货币供应量,因此,这是一个理想的中介目标。由于货币供给是分层次的,一般以货币供给的 M_2 这一层次的货币供应量为控制的重点。

2. 利率。由于利率的变动不仅能反映信用供给的变化,而且还能直接影响投资与消费,同时中央银行可以加以控制,因此,利率也是一个理想的中介目标。由于我国长期实行的是以计划利率为主的管理体制,利率更多是作为一种货币政策工具出现。但随着利率市场化改革的进行,利率作为中介目标,在我国的作用将日渐明显。

3. 基础货币。基础货币是由流通中的现金和存款准备金等中央银行可支配的资金构成。从理论上说,基础货币符合货币中介目标的标准,可作为货币政策的中介目标。只要中央银行能够控制住基础货币的投放,也就等于间接地控制住了货币供应量,从而就能够进一步影响到利率、价格等,以实现货币政策的最终目标。

二、货币政策的手段

货币政策手段是指中央银行为实现货币政策目标所运用的货币改革工具。这些货币政策工具,又可分为一般性货币政策工具、选择性货币政策工具和补充性货币政策工具三大类。

(一) 一般性货币政策工具

一般性货币政策工具,是中央银行对经济活进行总量调节的工具,包括:法定存款准备率、再贴现率和公开市场业务。

1. 法定存款准备金率。法定存款准备金率是中央银行规定的各商业银行和存款机构必须交存的存款准备金占其存款总额的比率。许多国家对不同期限、不同种类的存款,都规定不同的准备率。一般地说,存款期限越短,存款的流动性越强,规定的准备率也越高。

我国中国人民银行于1984年行使中央银行职能后,首次规定了各专业银行缴存准备金的办法。当社会上货币过多,出现通货膨胀时,中央银行就需要紧缩银根,调高法定存款准备金率;反之,则调低。

法定存款准备金率被称为"猛烈而不常用的武器"。因为法定存款准备金率的升降会使银行存款量和贷款量产生数倍的收缩与扩张。这种猛烈性使各国在运用这一手段时均持慎重态度。

想一想：

降低存款准备金率为什么会扩张货币量？

2. 再贴现率。再贴现率是商业银行和其他金融机构把经过贴现所得的票据向中央银行进行再贴现融资时所执行的利率。再贴现率手段就是中央银行通过提高或降低再贴现率的办法，来影响商业银行的信用量，促进信用扩张或收缩的一种措施。即当社会货币过多时，应调高再贴现率；反之，则调低。

再贴现率是中央银行较早运用的货币政策手段，现要许多国家仍把再贴现率作为中央银行重要的金融调控手段之一，它比存款准备金率要温和一些。

3. 公开市场业务。公开市场业务，是指中央银行在公开市场上买进或卖出有价证券（主要是政府债券）的活动。通过此业务，可以达到放松或收紧银根，扩张或收缩信用，增加或减少市场货币供应量等目的。

根据经济状况，中央银行认为有必要收缩银根时，就应在金融市场上卖出有价证券，这样，一方面，商业银行买进证券，其超额准备金减少，从而抑制银行贷款增加，减少货币供给；另一方面，由于中央银行出售证券，促使证券价格下跌，市场利率上升，从而达到抑制货币需求的目的。相反，当需要放松银根时，中央银行便在金融市场上买进政府债券，其运作结果与上述相反，从而达到扩张信用、增加货币供给的目的。

公开市场业务较之存款准备金率、再贴现率有明显的优点：一是调控的主动权掌握在中央银行手里，较再贴现有极强的主动性和攻击性。二是中央银行买卖的数量可多可少，可根据经济状况进行细微的和经常的操作。三是调控手段灵活方便，容易改变方向，不象存款准备金率和再贴现率那样具有很大的弹性。

公开市场业务这一手段的运用，中央银行必须具有雄厚的资金实力，弹性的操作权力，发达的金融市场和信用制度等。

（二）选择性货币政策工具

选择性货币政策工具大都带有浓厚的行政色彩，主要是依靠国家授予中央银行的权力，对某些特定的部门或领域实行控制的工具。这类工具主要有以下几种：

1. 优惠利率。中央银行根据一个时期国家经济发展的重点，对与国民经济关系重大的部门、行业，如出口工业、能源交通业、农业等，制订较低的贴现率或放款利率，以示鼓励。优惠利率大都在不发达国家运用。

2. 证券保证金比率。为防止证券投机，中央银行对证券市场信用实行管理。具体措施是规定保证金比率，即证券投资者在购买证券时必须支付现款的比率。这一比率的高低直接影响着证券市场的信用规模。中央银行根据证券市场情况，可以随时调整保证金比率，这个比率越高，意味着证券投资者向商业银行借款的比率越低，反之亦然。

3. 消费信用管制。消费信用的发展，对商品供应和货币供给量均会产生较大的影响作用，它一方面会引起商品销售大量增加，刺激经济增长；另一方面又会导致银行信贷规模扩大，货币供给量增加。因此，中央银行对消费信用也要进行调控。在需求过旺及通货膨胀时期，中央银行通过提高首期付款比例、缩短分期付款期限等措施，紧缩对消费者所提供的信用规模。反之,在需求不足及经济衰退时,中央银行可以放宽分期付款的管制,以刺激消费量的增加。

4. 贷款额度控制。许多国家规定,中央银行有权对各银行规定最高贷款限额,以此控制信贷规模。这种直接干预,一般多在特殊情况下使用,如战争或金融危机等。

（三）补充性货币政策工具

通过补充性货币政策工具对信用进行调节的措施主要有:道义劝告和金融检查。

1. 道义劝告。这是中央银行采取书面或面谈的方式,向各银行发出通告,表明立场,劝谕其按照中央银行的意图从事业务活动。虽然这种做法不具备法律效力,但由于中央银行的信誉、地位和手中的权力,往往会迫使各银行按其意见行事。这种工具对控制信贷规模、调节货币流通具有一定作用。

2. 金融检查。对商业银行等金融机构进行检查是国家赋予中央银行的监督权力,这一权力有利于加强中央银行对金融机构的管制。金融检查的内容是多方面的,既可以审查金融机构的合法性,又可以检查金融机构业务活动的合理性。通过检查,中央银行对违犯法令或经营不善的金融机构可以采取必要的处理措施。

三、货币政策与财政政策的配合

（一）财政政策的概念

财政政策是政府为了达到一定的经济目标而制定的指导财政工作的基本方针和准则。按政策功能,财政政策可分为扩张性财政政策、紧缩性财政政策和中性财政政策。

扩张性财政政策是通过财政分配活动来增加社会总需求的政策。最典型的方式就是用赤字来刺激社会需求,因而也称赤字财政政策,我国称之为积极财政政策。紧缩性财政政策是通过财政活动来减少社会总需求的政策。最典型的方式就是通过增加财政收入或减少财政支出来实现财政结余,因而也称盈余财政政策。中性财政政策是财政分配活动对社会总需求的影响保持中性的政策。既不产生扩张,也不产生紧缩,我国称之为稳健财政政策。

财政政策手段众多,主要包括预算、税收、国债、投资、转移支付、收费等。

（二）货币政策与财政政策配合的必要性

从财政政策与货币政策各自的优劣势,可以看出财政政策与货币政策配合的必要性。

1. 财政政策的优势。（1）弥补市场缺陷。对非政府部门不适合投资、不愿意投资的领域能很好地发挥资源配置功能。（2）调节收入分配。特别是在调节级差收入、实现社会公平分配方面能发挥重要作用。（3）稳定社会经济发展。能通过财政收支总量和结构的变动,调节社会总需求及结构;还能通过财政补贴等进行特殊调控,保持社会经济稳定发展。（4）促进经济结构和地区结构合理化。可通过税收优惠、转移支付等手段来实现。

2. 财政政策的劣势。（1）对社会需求的调节更多表现在比例和分布上,对需求总量调节不如货币政策直接。（2）对物价调控的效果不如货币政策大。（3）对提高资金的使用效率缺乏刺激力,因为它的作用过程主要不是靠市场机制。

3. 货币政策的优势。（1）调节社会供求总量。通过调控货币供求总量来实现。（2）调节物价总水平。这方面作用比财政政策突出。（3）调节储蓄与投资。通过利率变动来调节消费与储蓄的比重,从而引导储蓄与投资倾向的相互转化。（4）有利于提高资金的使用效率,因为它的操作是一种经济行为,能很好地发挥市场机制的作用。

4. 货币政策的劣势。(1) 对市场缺陷的弥补显得乏力。(2) 难以很好地解决收入分配不公的问题。(3) 在调整经济结构和地区结构方面难以直接有效地发挥作用。

可见，财政政策与货币政策各有优劣势，且两者的互补性很强，政府在实施宏观经济调控时不能相互代替，必须协调运用两种政策。

(三) 货币政策与财政政策配合的基本模式

财政政策与货币政策如果都按"松"、"中"、"紧"来划分，那么两者的组合就有九种模式，但在实践中的运用，主要有四种模式：

1. "双松"政策模式。"双松"即"松"的财政政策与"松"的货币政策的协调配合。"松"的财政政策是通过减少税收和扩大支出来增加社会总需求，它可以刺激投资，促进经济增长。"松"的货币政策是通过降低存款准备金率、降低利率等来扩大信贷规模，增加货币供应，从而刺激投资，使社会总需求增加。这种模式主要适用于社会总需求小于社会总供给，通货紧缩，经济陷入萧条的状况。它可以强有力地刺激总需求扩张，降低失业率，促进经济复苏。但若长期使用或"松"的过度，将会出现大量财政赤字和货币供应过多，引发通货膨胀，影响经济稳定。

2. "双紧"政策模式。"双紧"即"紧"的财政政策与"紧"的货币政策的协调配合。"紧"的财政政策主要通过增加税收、压缩支出等来限制消费与投资，抑制社会总需求。"紧"的货币政策主要通过提高存款准备金率、提高利率等来增加储蓄，减少货币供给，抑制社会总需求。这种模式适用于社会总需求大于社会总供给，通货膨胀，经济过热的状况。它可以有效压抑社会总需求，缓解通货膨胀。但若长期使用或"紧"的过度，将会产生经济增长减缓，失业率上升等问题。

3. "松"财政"紧"货币政策模式。"松"财政"紧"货币政策模式就是指增加财政支出或减税的同时辅之以收紧银根的做法。一般而言，在经济增长减缓以至停滞而通货膨胀压力又很大的情况下，以及经济结构失调与严重通货膨胀并存的情况下，采用这种政策模式。因为"松"的财政政策具有同时刺激需求

议一议：

当前财政政策与货币政策如何配合？

与供给能力的效应和通过加强重点建设与基础设施的财政投资达到调整产业结构的效应；而"紧"的货币政策具有控制通货膨胀的效应。两者搭配使用，既能调节经济结构、促进经济发展，又能有效地控制货币供应量、避免通货膨胀。但这种政策模式如长期使用，容易积累大量的财政赤字。

4. "紧"财政"松"货币政策模式。"紧"财政"松"货币政策模式就是指压缩财政支出或增加税收的同时辅之以放松银根的做法。一般而言，在社会需求不足、失业压力较大而物价又相对平稳的宏观经济状况，或财政赤字较大与社会总需求严重不足并存的情况下，采用这种模式。通过这种政策模式，可以在控制通货膨胀的同时，保持适度的经济增长。但货币政策过松，也难以制止通货膨胀。

 **小知识：**

财政政策乘数和货币政策乘数

财政政策乘数是用以反映财政政策的变化对国民收入的增减有何效应的乘数，包括三大乘数：政府支出乘数，税收乘数和预算平衡乘数。

政府支出乘数是指投资或政府公共支出变动引起的社会总需求变动对国民收入增加或减少的影响程度。税收乘数是指税收的增加或减少对国民收入减少或增加的程度。预算平衡乘数是指当政府支出的扩大与税收的增加相等时，国民收入的扩大正好等于政府支出的扩大量或税收的增加量，当政府支出减少与税收的减少相等时，国民收入的缩小正好等于政府支出的减少量或税收的减少量。

货币政策乘数是在基础货币基础上货币供应量通过商业银行的创造存款货币功能上派生存款信用的倍数。其基本意义是表示中央银行创造或消灭一单位的基础货币，能使货币供给量增加或减少的数额。或者说，货币乘数就是货币供给量对基础货币的倍数。

重要概念

中央银行负债业务　货币发行　中央银行资产业务　中央银行中间业务　货币政策　法定存款准备金率　再贴现率　公开市场业务　财政政策

思考与实训

1. 你所接触的中央银行的负债业务有哪些？
2. 谈谈你对中央银行货币政策目标的认识。
3. 查找资料和调研，了解近些年我国中央银行主要运用哪些主要手段来调控经济？
4. 列举与日常生活有关的中央银行实施货币政策的实例。
5. 查找资料，了解我国近期法定存款准备金率的调整情况及原因。
6. 查找资料和调研：你认为当前我国的货币政策与财政政策应如何配合？

第六章 金融市场

本章导读

包罗万象的市场

现实生活中,当我们需要衣、食、住、行等物质消费时,最好的方式是到一个相对集中的场所去购买,这个场所就是市场。当一个地方的市场变得庞大而且更开放时,这个地方的经济活力也相对会增长起来。当人们需要商品时,可以在商品市场上购买商品,需要劳务时,可以在劳务市场上寻找劳务,需要技术时,可以在技术市场上寻找技术……那么,需要资金时,应该在哪里可以找到资金呢?有没有一个市场可以供资金富余的一方和资金缺乏的另一方进行交易?答案是肯定的,这个市场就是金融市场。金融市场是如何形成的?金融市场的交易如何进行?金融市场交易的产品又是什么呢?本章为你解读金融市场。

第一节 金融市场概述

一、金融市场的概念

在经济生活中,有些单位和个人有多余的资金,但他们并不想在当前作进一步的开支;有些单位和个人想作更多的开支,但他们缺少资金。资金是有时间价值的,要解决这一矛盾,就需要有某种"场所"使两者之间通过有偿的交易,实现资金余缺的调剂,满足各自的需要。这种"场所",借用市场的概念,称之为金融市场。所以金融市场是指资金供应者和资金需求者双方通过信用工具进行交易而融通资金的市场。

金融市场包括货币市场、资本市场、外汇市场、黄金市场等。作为现代的金融市场,它可以是某一特定的"地方",如证券交易所,也可以是某一特定的

想一想:

金融市场与你接触的其他市场有什么不同?

网络交易体系。也就是说,金融市场既可以是有形的,有具体的固定场所和设施;也可以是无形的,没有固定的具体场所,而只是在一定区域范围内,通过电讯手段、网络技术相互联系,进行金融交易活动。

二、金融市场的构成

市场必须具备交易主体、交易客体、交易价格以及交易方式等要素,金融市场也是如此。

(一)交易主体

金融市场主体就是进行金融资产交易的单位和个人。具体地说,金融市场的主体主要有政府、金融机构、企业和居民个人。其中,政府一般都是以资金需求者的身份出现。银行是金融市场最重要的交易主体,尤其是商业银行,它是金融市场上资金的最大提供者。

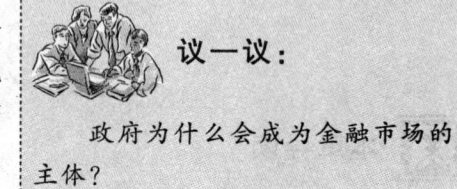

议一议:

政府为什么会成为金融市场的主体?

企业在金融市场上既是资金的供应者,又是资金的需求者,随着生产社会化程度的不断提高,企业对金融市场的依赖性会愈益加强。居民个人是金融市场上居于重要地位的资金供给者,银行存款的很大一部分是来自于居民个人的消费结余,证券市场的融资规模在很大程度上也取决于居民个人的投资活动,但居民个人同时也是金融市场上的资金需求者。

(二)交易客体

金融市场交易客体就是金融交易的对象或交易的标的物。也即通常所说的金融工具或金融商品,表现为诸如票据、债券、股票、可转让大额定期存单等等。由于需求的多样性,作为金融市场交易对象的信用工具也应当是多样化的。

(三)交易价格

金融市场的交易价格是金融工具按照一定的交易方式在交易过程中所产生的价格。它与金融工具的供求、相关金融资产的价格及交易者的心理预期等因素密切相关,其高低直接决定了交易者的实际收益大小。众多的因素影响使金融市场的价格变得更加复杂。一般说,一个有效的金融市场必须具有一个高效的价格运行机制才能正确地引导金融资产的合理配置与优化。

(四)交易组织形式与方式

金融市场的组织形式主要有交易所交易(场内交易)和柜台交易(场外交易)。场内交易是所有的供求方集中在交易所进行竞价交易的方式,这种方式具有交易所向交易参与者收取保证金、同时负责进行清算和承担履约担保责任的特点。柜台交易是在证券商的营业柜台以议价的方式进行的交易行为,称作场外交易,由柜台买卖所形成的市场,称为场外交易市场。金融市场的交易方式主要有现货交易、期货交易、期权交易和信用交易等。

三、金融市场的类型

按照不同的标准,金融市场可划分为不同的类型。

(一)按金融交易的期限划分,可分为短期资金市场与长期资金市场

短期资金市场是指期限在一年以内的短期资金交易市场。该类市场由于各种交易的资金期限短,流动性强,风险小,具有"准货币"的性质,所以也称货币市场。

长期资金市场一般是指期限在一年以上的有价证券等的交易市场。由于长期市场筹集的资金主要用于固定资产的投资，作为资本运用，所以该类市场也称资本市场。

（二）按金融交易的性质划分，可分为发行市场和流通市场

发行市场也叫初级市场或一级市场，是从事新证券或票据等金融工具首次问世的市场。

流通市场也叫次级市场或二级市场，是从事已上市的旧证券或票据等金融工具买卖转让的市场。

（三）按金融交易对象划分，可分货币市场、资本市场、黄金市场、外汇市场

货币市场包括同业拆借市场、商业票据市场、大额可转让存单市场、短期政府债券市场等。资本市场包括股票市场、债券市场、投资基金市场等。

黄金、外汇市场是专门以黄金、外汇为交易对象的市场。

（四）按金融交易交割方式的不同划分，可分为现货市场和期货市场

现货市场是金融交易成交后，当天或3—4天内进行交割的市场。所谓交割，即买卖双方履行交易契约，进行钱货（金融商品）两清的授受行为。

期货市场是金融交易成交后，需在双方约定的一定时间后，如1个月、2个月、3个月、6个月，最长一般不超过12个月，买卖双方完成交割的市场。

（五）按金融交易的空间划分，可分为地方性、全国性、区域性和国际性的金融市场

地方性金融市场是指在一个城市、一个经济区域内进行融资活动的金融市场，如同城的票据贴现、承兑、抵押等，一般规模较小。

想一想：

金融市场都是有形市场吗？

全国性的金融市场是指在一个国家范围内进行融资活动的金融市场。

区域性金融市场是设在世界某一地区，为该地区有关国家提供资金融通等服务的市场。

国际性金融市场为本国货币和证券以及本国以外的各种货币和证券的流通、交换、借贷、存放和投资提供渠道而形成的市场。

此外，还可以按资金融通方式，分为直接融资市场和间接融资市场；按有无固定的交易场所和设施，分为有形市场和无形市场等。

**小知识：**

衡量成熟金融市场的四个标准

真正的成熟金融市场的标准应该是：

第一，好企业可以随时通过丰富的融资产品与渠道进行融资；

第二，长期投资者能够得到合适稳定的回报；

第三，市场价格基本合理；

第四，市场参与者遵守规则。

第二节 货币市场

货币市场即短期资金市场,是期限在一年以内的短期资金交易的市场。货币市场为各经济部门调节其资金流动性提供了便利,同时又是一国中央银行调节货币供应量的重要领域。

一、同业拆借市场

同业拆借市场是指金融机构同业之间进行的短期资金借贷的市场,简称拆借市场。同业拆借的目的主要是为了弥补暂时的资金不足,所以融资期限极短,大多为1日贷款,当日借次日还,也有日期稍长的。由于融资时间短,一般是以日计息,称拆息,其利率称为拆息率。拆息率由融资双方根据资金供求状况及其他因素自由议定,在正常情况下,拆息率高于存款利率而低于贷款利率。同业拆借利率变动频繁,可以灵活地反映资金供求状况,并对货币市场上的其他金融产品的利率变动产生导向作用,这就使同业拆借利率成为货币市场的核心利率。

同业拆借交易,一般没有固定场所,主要通过电讯手段成交。同业拆借市场上的交易主要有两种:一是同业头寸拆借,主要是金融同业之间为了轧平头寸、补足存款资金准备金和票据清算资金而进行的短期资金融通活动,通常以1—10天为限,以1日期居多。二是同业短期拆借,主要是金融机构之间为了满足临时性、季节性的资金需要而进行的短期资金借贷,其期限一般比同业头寸拆借时间长。

想一想:
同业拆借市场的主要特点是什么?

二、商业票据市场

商业票据市场是商业票据流通和转让的市场。具体包括票据承兑市场和票据贴现市场。

（一）票据承兑市场

票据承兑市场是指授予承兑保证、创造承兑汇票的市场。承兑是指汇票到期前,汇票付款人或指定银行确认票据记明事项,在票面上做出承诺付款并签章的一种行为。汇票之所以需要承兑,是由于债权人作为出票人单方面将付款人、金额、期限等内容记载于票面,从法律上讲,付款人在没有承诺前不是真正的票据债务人。经过承兑,承兑者就成了汇票的主债务人,因此,只有承兑后的汇票才具有法律效力,才能作为市场上合格的金融工具转让流通。

（二）票据贴现市场

票据贴现市场是因票据贴现活动而产生的融资市场。票据贴现是指票据持有者为取得现金,以贴付利息为条件向银行或贴现公司转让未到期票据的融资活动。票据贴现可以使工商企业的资本从票据债权形式转化为现金形式,从而有利于资金周转,使资金循环

议一议:
对商业银行来说,贴现票据与发放短期贷款有什么不同?

顺利进行。贴现交易的工具是经过背书的汇票和本票以及政府国库券与短期债券。商业银行贴入票据，目的在于获取利润，一般情况下，会将购入票据保存到期，向承兑人收取票款，还复本息。如在实际经营中急需资金，商业银行可用贴入票据向中央银行再贴现，中央银行运用再贴现率来调节或控制商业银行的信贷规模，保持适当的市场货币供给量。

三、大额可转让定期存单市场

大额可转让定期存单市场（简称 CD 市场或存单市场）是银行可转让大额定期存单发行和买卖的场所。它包括发行市场和流通市场。CD 的发行，实际上是银行的一种负债业务，由银行出售存单取得资金，客户付出货币购买存单。

存单有固定的面额，发行时按面额交割，利息是以面额为基础计算的。存单票面注明利率。客户购买存单时考虑的因素主要是存单利息收入的高低、期限长短以及存单的信用风险度等。大银行实力雄厚，条件优越，最能吸引客户，存单发行量较大。

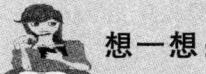
想一想：
大额存单不同于其他存款之处是什么？

存单在期满前可由持有者自由转让出去，这是存单不同于其他存款的独特之处。决定存单转让价格的因素主要是利率、期限和本金。一般来说，存单原定利率越高，转让价格就越高，反之就越低；转让时的市场利率与存单原定利率相比越高，转让价格就越低，反之就高。

四、短期政府债券市场

短期政府债券市场就是期限为一年之内的政府债券发行和转让的市场。短期政府债券即国库券。短期政府债券市场就是国库券发行与转让的市场。

政府发行国库券的主要目的是筹措短期资金，弥补财政收支短期不平衡。国库券由于风险低，期限短，被人们称为"金边证券"。国库券现已发展成为重要的短期信用工具，在货币市场上占有重要地位。

短期政府债券发行一般采取拍卖方式折扣发行。当发行代理人（财政部或中央银行）发出拍卖信息（种类、数量）后，一级自营商即根据市场行情和预测报出购买价格与数量。发行者根据自营商的报价自高而低排列，先满足较高价位者的购买数量，直到达到发行量为止。当一级自营商获得承销量之后，即向零售商或投资者销售。短期政府债券的发行价格为折扣价格，即发行价格低于国库券面值，但按面值偿还，其差价即为投资者的收益，等于提前支付利息。

短期政府债券的转让流通可以通过贴现或买卖方式进行。短期政府债券的发行次数频繁，一般有定期发行和不定期发行两种。

想一想：
短期政府债券与其他债券有什么不同？

五、回购协议市场

证券回购市场是指证券持有人在卖出一笔证券的同时，与买方签订协议，约定一定期限和价格买回同一笔证券的融资市场。其实质内容是：证券的持有方（融资者、资金需求方）

以持有的证券做抵押，获得一定期限内的资金使用权，期满后则须归还借贷的资金，并按约定支付一定的利息；而资金的贷出方（融券方、资金供应方）则暂时放弃相应资金的使用权，从而获得融资方的证券抵押权，并于回购期满时归还对方抵押的证券，收回融出资金并获得一定利息。回购协议实际上是以获得的证券为抵押的短期借贷。

想一想：

回购协议的标的物是什么？

证券回购市场是短期的金融商品交易市场，与同业拆借市场、票据市场一道构成货币市场的基本组成部分。

小知识：

国 库 券

国库券是中央政府为弥补财政资金的不足而发行的一种有价证券（国债或公债）。国库券最早问世于1877年，由英国财政部根据《1877年财政部证券法》发行。美国财政部根据《1917年第二自由公债法》于1929年开始发行国库券。因国库券的债务人是国家，其还款保证是国家财政收入，所以它几乎不存在信用违约风险，是金融市场风险较小的信用工具。

我国1950年发行了最早的国家债券"人民胜利折实公债"；1954年至1958年发行了"国家经济建设公债"；之后没有发行任何国债，直到1981年恢复国债的发行。

1981年至1996年的十多年内，我国发行的国库券都是实物券，面值有1元、5元、10元、100元、1000元、1万元、10万元、100万元。从1992年国家开始发行少量的凭证式国库券，1997年开始就全部采用凭证式和证券市场网上无纸化发行。但在国库券恢复发行之初的20世纪80年代，很多人对国库券和当初发行的股票一样认识不清，那时发行采用摊派的形式。进入20世纪90年代，人们逐渐对国库券有了认识，真正的国库券市场得到了较快的发展。

第三节 资本市场

资本市场又称长期资金市场，它是经营一年以上中长期资金借贷的市场。包括银行中长期借贷市场和证券市场。与货币市场相比，资本市场的特点主要有：一是融资期限长，至少在一年以上，最长可达数十年，甚至没有期限；二是融资的目的主要是为解决中长期融资需求，流动性和变现性相对较差；三是资金融通规模大；四是收益较高、风险较大。由于融资期限较长，发生重大变故的可能性也大，市场价格容易波动，投资者需承受较大风险。同时，作为对风险的报酬，其收益也较高。

全面地说，股票市场、债券市场、投资基金市场和银行长期信贷市场都属于资本市场范围。中长期信贷市场属于商业银行业务在这里不述及，本节只介绍股票市场、债券市场和投资基金市场。

一、股票市场

（一）股票的特征

股票是指股份公司发给股东以证明其入股金额并借以取得股利的凭证。它代表股东对企业的所有权凭证。凭借股票，股东可以获得一系列相关权益，如参加股东大会、选举董事会、参与股份公司的生产经营决策以及参加股份公司分红等。股票作为一种有价证券，具有四个明显特征：

1. 不可偿还性。股票是一种无偿还期限的有价证券，投资者认购了股票后，就不能要求退股还资。股票的转让只意味着公司股东的改变，并不减少公司资本。

2. 参与性。股东有权出席股东大会，选举公司董事会，参与公司重大决策。股东参与公司决策的权利大小，取决于其所持有的股份的多少。

3. 流通性。即股票在不同投资者之间的可交易性。流通性通常以可流通的股票数量、股票成交量以及股价对交易量的敏感程度来衡量。

4. 风险性和收益性。由于受经济、政治、社会以及自身经济情况的影响，股票投资者的收益具有极大的不确定性，股票价格经常处于波动起伏状态。但风险与收益具有对称性，较大的风险带来较大的收益。

（二）股票发行市场

股票发行市场是指股份有限公司通过发行股票向投资者筹集股本金的市场。又称一级市场，是资金需求者直接获得资金的市场。股票的发行是整个股票市场的起点和股票交易的基础。

1. 股票发行条件。股票发行条件包括股票发行的一般条件、初次发行股票的特殊条件、增资发行股票的特殊条件等，包括发行主体要求、财务制度要求、公司规模要求、股权分散要求等内容。

2. 股票发行程序。股票发行，必须依照国家法律规定的程序进行，一般划分为以下几个步骤：（1）提出申请。企业在发行新股票之前，必须向政府证券管理部门提出正式书面申请，并提供有关资料。（2）批准申请。政府证券管理部门根据有关规定对申请股票发行人的申请书逐项审查，认为真实、合理，可以批准发行。新股票好坏主要是由发行市场的认购人去判断，批准发行者不决定新发行股票的最终命运。（3）发行股票。股票发行者在取得政府证券管理部门同意发行的命令和文件后，就可以向社会正式发行股票。发行公司可以直接向证券认购人出售，也可以委托承销商代理发行。

3. 股票发行方式。即发行公司采用什么方法，通过何种渠道或途径将自己的股票投入市场，并为广大投资者所接受。各国发行方式差异较大，一般说来大体可作如下分类：

（1）直接发行和间接发行。这是按有无中介机构参与发行所作的一种划分。股票的直接发行是指发行人直接向投资者出售股票。这种发行方式手续简单，发行费用较低，但发行规模一般较小，是私募发行通常采用的一种发行方式。股票的间接发行是发行人委托金融中介机构向社会公众公开销售股票。它是公募发行通常采用的一种发行方式。

（2）公募发行与私募发行。私募发行（又称不公开发行或内部发行）是指面向少数特定的投资人发行证券的方式。私募发行有确定的投资人，发行手续简单，可以节省发行时间和费用。私募发行的不足之处是投资者数量有限,流通性较差,且不利于提高发行人的社会信誉。公募发行是指向广泛的不特定的投资者发行证券的一种方式。为了保证投资者的合法权益,政府对证券的公募发行控制很严,要求发行人具备较高的条件。公募证券可以上市流通,具有较高的流动性,因而易于被广大投资者接受。不足之处在于手续比较复杂,发行成本较高。

4. 股票发行价格。股票发行价格是即股份公司发行股票时确定的股票发售价格。股票发行价格一般有五种。一是面值发行,即发行价格与面值相等,也叫平价发行;二是溢价发行,即以高于面值的价格发行;三是折价发行,即以低于面值的价格发行;四是时价发行,即对于增资扩股发行股票,可以依照规定按该公司股票的市价发行;五是中间价发行,即对于再次融资发行的股票,可以按照公司股票市价和面值的中间平均价发行。大多数国家包括我国禁止股票折价发行。

(三) 股票流通市场

股票流通市场是已发行的股票进行买卖交易的场所。又称二级市场,这一市场为股票提供了流动性。

1. 股票流通市场的组织形式。股票流通市场有场内交易和场外交易两种。前者主要是指以证券交易所为代表的有形市场;后者是在证券交易所大厅外进行各种证券交易活动的统称,它与交易所共同构成一个完整的证券交易市场体系。场外交易市场又可以进一步划分为三种类型:店头市场、第三市场和第四市场。其中店头市场又称柜台市场,是投资者在证券交易所以外某一固定场所进行未上市股票或不足一个成交单位的证券交易所形成的市场。第三市场是已在证券交易所上市的证券在证券交易所之外进行交易时所形成的市场。第四市场是大户通过电话、电脑等现代通讯手段直接进行证券买卖所形成的市场。

2. 股票行市。股票行市是指在股票流通市场上买卖股票的价格。在股票流通市场上买卖的股票都有其券面价值,它是股票的名义价值。但在流通市场上进行买卖时,实行成交价格往往高于或者低于票面金额。这种买卖时的实际交易价格就是股票行市。股票行市取决于两个基本因素:一是股票收益;二是当时的市场利率。股票行市的计算公式为:

股票行市 = 股票预期收益 ÷ 市场利息率

上述公式只是确定股票行市的基本公式,实际上影响股票行市的因素是相当复杂的。

3. 股票价格指数。股票价格指数(简称股价指数)是由证券交易所或金融服务机构编制的反映股票行市变动的统计指标。由于经济、政治等多方面的原

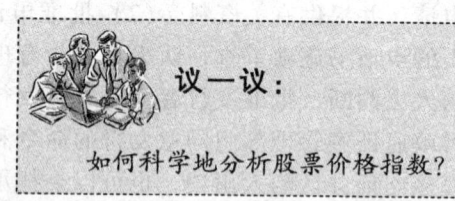

议一议:

如何科学地分析股票价格指数?

因,股票价格经常处于变动之中。为了能综合反映这种变化,世界各国金融市场都编制了股票价格指数。它是选取有代表性的一组股票,把它们的价格进行加权平均,通过一定的计算得到的,各种指数具体的股票选取和计算方法是不同的。

目前世界上比较著名的股票价格指数有美国道·琼斯股价指数、标准普尔股价指数、纽约股票价格指数、英国的《金融时报》股价指数、日本的日经股价指数、东证股价指数、中国香港的恒生股价指数等。还有反映高新技术产业上市公司股价变动情况的股价指数,如美国的纳斯达克指数、中国香港的恒生指数等。

二、债券市场

债券市场是债券发行和交易的市场。债券市场是政府、企业和金融机构筹集长期资金的主要场所,以债券作为交易的对象。债券市场分为债券发行市场和债券流通市场。

(一) 债券发行市场

债券发行市场是发行单位初次出售新债券的市场。债券发行市场主体包括发行人、投资人和中介机构。发行人是指为筹措资金而发行债券的企业、政府及其公共机构、银行及其主要非银行金融机构。投资人包括政府及其公共机构、企业、银行或非银行金融机构以及个人。中介机构与股票发行市场上的中介人相同,即证券承销商。

1. 债券发行条件。为了防止发行人因举债过多而影响其财务的健全性、安全性,防止债权人蒙受意外损失,各国对债券发行人都有一定的条件规定。由于公债和金融债的信誉较好,一般无违约风险,所以,对公债和金融债的发行限制较少。各国对公司债发行的资格和条件规定较为具体和严格。无论发行何种债券,发行人都必须有足够的偿债能力的证明及其偿债措施。

2. 债券发行程序。债券发行程序与股票发行程序基本相同,大体包括以下几步:决议、审批、公示、认购以及款项划拨等。

3. 债券发行方式。一般来说,债券发行方式与股票发行方式类似,不外乎公募发行,或私募发行,或直接发行,或间接发行。公募间接发行是世界各国通常采用的方式,尤其是与股票发行相比,债券绝大部分采用公募间接发行。因为债券的发行人不限于股份公司,发行对象也不必限于公司股东或少数特定的第三者。到目前为止,在我国发行的债券中,也以公募间接方式发行的较多。世界各国的国债和金融债基本上都是公募间接发行的,只有少量企业内部集资债券属于私募直接发行。

4. 债券发行价格。债券的发行价格是发行者发行债券时所确定的债券发售价格。与股票发行价格相比,债券发行价格较为简单,习惯上以对券面金额的百分比来表示。这样,债券的发行价格就有三种可能,即高于券面金额的溢价发行方式(升水发行)、等于券面金额的平价发行方式(面额发行)和低于券面金额的折价发行方式(贴水发行)。发行价格可以与票面利率相配合来调整债券购买者的实际收益率。在实际操作中,发行债券通常先确定债券期限和票面利率,然后再根据当时的市场利率水平进行微调,确定实际发行价格。一般说来,当市场利率水平有较大幅度浮动时,可以调整债券的票面利率,也可以微调发行价格与之相适应。

(二) 债券流通市场

债券流通市场是已发行债券进行买卖转让的市场。上市债券流通即可以在证券交易所进行,也可以在场外市场进行,而非上市债券则只能在场外市场进行交易流通。

1. 债券行市。债券行市是指在债券流通市场上买卖债券的价格。决定债券行市的基本因素有两个:一是债券收益;二是当时的市场利率。债券行市的计算公式为:

债券行市 = 债券到期收入的本利和 ÷ (1 + 市场利率 × 到期期限)

2. 债券收益率。债券收益率是指购买债券所能带来的收益额与本金之间的比率。由于债券收益率能在购买时预先确切地计算出来,可以说是固定的收益率。决定债券收益率的因素主要有三个,即利率、期限和购买价格。衡量收益率的指数有名义收益率、持有期收益率和实际收益率。

名义收益率 =（年利息÷认购价格）×100%

持有期收益率 =［（卖价－买价）÷持有年数］÷买价×100%

实际收益率 = 名义收益率 － 通货膨胀率

三、投资基金市场

投资基金市场是进行投资基金发售和交易的市场。投资基金是一种集合投资制度，其设立的基本原则是共同投资、共担风险、共享收益。

想一想：

债券收益率与利率、期限和购买价格之间的关系如何？

（一）投资基金发行市场

1. 投资基金设立与发行方式。证券投资基金的设立有两种基本方式，即注册制和核准制。基金注册制是指基金只要具备法规规定的条件，便可以申请并获得注册。目前发达国家和地区一般采用注册制，如美国、英国和我国的台湾和香港地区。基金核准制是指基金不仅要具备法规规定的条件，还要通过基金主管机关的实质审查才能设立。在基金核准制下，基金主管机关有权对基金发行人及其所发行的基金作出审查和决定。我国实行的是基金核准制，基金的设立必须经过中国证监会的核准。

2. 投资基金的设立程序。包括申请、核准和募集。设立基金须由基金管理人向中国证监会提出申请，提交按《基金法》规定制作的募集申请材料。国务院证券监督管理机构应当自受理基金募集申请之日起六个月内依照法律、行政法规及国务院证券监督管理机构的规定和审慎监管原则进行审查。基金的募集是指基金管理人在募集申请经核准后，发售基金份额。基金的募集和股票及债券的发行一样，有两种基本方式，即公募和私募。目前，我国批准设立的基金均为公募发行。基金份额的发售，由基金管理人负责办理；基金管理人可以委托经国务院证券监督管理机构认定的其他机构代为办理。封闭式基金借鉴股票的发行办法，采用上网定价发行办法。开放式基金主要委托商业银行系统代为发售。

3. 投资基金的种类。证券投资基金可按照不同的标准进行各种分类。按照基金的组织形式不同，基金可分为契约型基金和公司型基金；按照基金在存续期内基金份额是否可以变动为标准，基金可分为封闭式和开放式基金；根据投资目标和风险差异，基金可分为三种：成长型基金、收入型基金和平衡型基金；根

议一议：

封闭式基金和开放式基金的区别。

据投资标的不同，基金可分为国债基金、股票基金、货币市场基金、黄金基金、衍生证券投资基金、指数基金和对冲基金等。

（二）投资基金流通市场

1. 投资基金的交易方式与场所。国际上的通行做法是，证券投资基金在发行结束一段时间后（一般为3～4个月）后，就应该安排基金的交易。其中，封闭式证券投资基金的交易与股票、债券类似，投资者可以通过自营商或经纪为在二级市场（如证券交易所）上自由买卖。开放式证券投资基金的交易则不同，投资者需等到该基金首次发行结束一段时间（通常为3个月）后，才可以到该基金专门开市的柜台上进行自由买卖。因此，开放式证券投资基金的交易实际上都是在投资者和基金管理公司之间进行的。

2. 投资基金的交易价格。封闭式基金在发行后，在二级市场上的交易价格主要由市场供求决定，存在着很大的波动性，其价格既可以高于也可以低于基金净资产。开放式基金的基金单位交易价格则取决于申购、赎回行为发生时尚未确知（但当日收市后即可计算并于下一交易日公告）的单位基金资产净值。所谓基金净资产是指基金投资组合的总市值减去总负债后，再除以基金发行总份额数所得值。当投资者购买时，开放式基金的交易价格（即申购价格）等于基金净资产加上手续费。而当投资者出售时，开放式基金的交易价格等于基金净资产减去手续费。

小知识：

我国的股票指数

我国最知名的股票指数包括上海证券综合指数、深圳证券成份指数以及沪深300指数。上海证券综合指数简称"上证综指"，深圳证券成份指数简称"深证成指"，前者属综合指数，后者属于成份指数。

上证综指是由上海证券交易所编制，以上海证券交易所挂牌上市的全部股票为计算范围，以发行量为权数综合，反映了上海证券交易市场的总体走势。

深证成指是由深圳证券交易所编制，它是按一定标准选出40家有代表性的上市公司作为成份股，用成份股的可流通数作为权数，采用综合法进行编制而成的股价指数，综合反映深交所上市A、B股的股价走势。为保证成份股样本的客观性和公正性，成份股不搞终身制，深交所定期考察成份股的代表性，及时更换代表性降低的公司，选入更有代表性的公司。

第四节　外汇市场和黄金市场

一、外汇市场

（一）外汇市场的概念

外汇市场是指从事外汇交易活动的场所。包括有形市场和无形市场，无形外汇市场已成为今日外汇市场的主导形式。

外汇市场的功能主要表现为：一是实现购买力的国际转移；二是提供资金融通；三是提供外汇保值和投机的市场机制。

（二）外汇市场的参与者和交易方式

1. 外汇银行。它是经中央银行批准可以经营外汇业务的商业银行和其他金融机构。外汇银行是外汇市场上首要的参与者，主要包括专营或兼营外汇业务的本国商业银行、在本国的外国商业银行分行及本国与外国的合资银行、其他经营外汇买卖业务的本国金融机构。

2. 外汇经纪人。外汇经纪人是外汇市场上介绍客户进行外汇交易的中间人。他们一般自己不买卖外汇，不能直接报出自己的汇率，而是凭借与外汇银行的密切联系和自己所掌握的外汇信息，促成双方交易，从中赚取手续费。

3. 中央银行。中央银行参与外汇交易的主要目的是管理和调控外汇市场，以保持本国货币汇率的稳定、维护市场正常的运行秩序，进而实现本国货币政策的意图。中央银行干预外汇市场的形式是多种多样的，即可以在即期市场或远期市场上直接买进或卖出外汇，又可以通过调整利率来影响国际资本流动和汇率变化，还可以通过行政或法律手段直接管制外汇市场。

4. 顾客。顾客统指与外汇银行有外汇交易关系的所有公司或个人，他们是外汇市场上作用与地位仅次于外汇银行的又一市场主体。顾客包括交易性的外汇买卖者，如进出口商、国际投资者、旅游者等；保值性的外汇买卖者，如套期保值者；投机性的外汇买卖者，即外汇投机商。

外汇市场的交易方式主要有以下几种：即期交易、远期交易、期货交易、掉期交易及套汇交易等方式。掉期交易是指对不同期限，但金融相等的同种外汇作两笔反方向的买卖行为，其主要目的是管理资金头寸，规避汇率风险；套汇交易是指套汇者同一时间点利用两个或两个以上的地区性外汇市场上某些货币在即期汇率上的差异进行外汇买卖的行为。

（三）外汇市场交易的三个层次

根据上述对外汇市场参与者的分类，外汇市场的交易可以分为三个层次的交易，即银行与顾客之间，银行同业之间，银行与中央银行之间的交易。在这些交易中，外汇经纪人往往起着中介作用。

1. 银行与客户之间的外汇交易。这一交易往往是在银行的柜台上进行。银行在与客户的交易中，对不同的客户分别买入或卖出不同种类的外汇，实际上是在外汇的最终供给者与最终需求者之间起中介作用，赚取买卖的差价。这一市场又被称为"零售市场"。

2. 银行同业间的外汇交易市场。银行在每个营业日，根据顾客的需要与其进行外汇交易的结果，难免产生各种外汇头寸的多头或空头，统称敞口头寸。多头表示银行该种外汇的购入额大于出售额，空头表示银行该种外汇的出售额多于购入额。当银行外汇头寸处于敞口头寸状态时，银行就将承担外汇风险。若要避免外汇风险，就需通过银行间外汇市场的交易"轧平"头寸，即将多头抛出，空头补进。此外，银行还出于投机、套利、套期保值等目的从事同业的外汇交易。外汇市场交易总额的绝大部分是银行同业间的交易，这一市场交易的金额一般比较大，因此被称为"批发市场"。

3. 银行与中央银行之间的交易。中央银行为了使外汇市场上自发形成的供求关系所决定的汇率能相对地稳定在某一期望的水平上，可通过其与外汇银行之间的交易对外汇市场进行干预。如果某种外币兑换本币的汇率低于期望值，中央银行就会向外汇银行购入该种外币，增加市场对该种外币的需求量，促使银行调高其汇率；反之，如果中央银行认为该种外币的汇率偏高，就向银行出售该种外汇储备，促使其汇率下降。

想一想：

外汇市场与股票市场有什么不同？

二、黄金市场

（一）黄金市场的种类

黄金市场市场是集中进行黄金买卖的场所。黄金市场的参与者主要包括黄金的卖方、买方和黄金经纪人三部分。黄金卖方有产金国的采金企业、藏有黄金待售的私人或集团、做金价看跌空头的投机者以及各国的中央银行等；黄金买方有各国的中央银行、为保值或投资的购买者、做金价看涨多头的投机者及以黄金作为工业原料的工商企业等。黄金市场上的交易活动，一般都通过黄金经纪人成交。国际黄金市场上的黄金供应有三个渠道：一是金矿开采；二是各种金融机构、企业、公司和私人出售黄金；三是一些国家在黄金市场上出售金币或发行黄金证券。

黄金市场可以根据其性质、作用、交易类型、交易管制程度等作不同的分类。

1. 按交易类型和交易方式划分，可将黄金市场划分为现货交易市场和期货交易市场。目前世界上存在两大黄金集团：伦敦—苏黎世集团是国际黄金现货交易的中心；纽约（包括芝加哥）—香港集团是国际黄金期货交易中心。其中，伦敦黄金市场的作用尤其突出，该市场的黄金交易和报价仍然是反映世界黄金行市的"晴雨表"。

2. 按性质划分，可以分为主导性市场和区域性市场。目前主导性市场有伦敦、苏黎世、纽约、香港、芝加哥，这些主导性市场是国际性交易集中的市场，其交易量的变化及价格的形成对其他市场有很大影响。区域性市场的交易规模有限，且市场的价格、交易量以及市场的参与者只涉及某一地区或某一国家，对国际上其他黄金市场影响不大，主要有迪拜、巴黎、法兰克福、新加坡、东京、布鲁塞尔等黄金市场。

3. 按交易管制的程度不同，黄金市场可分为自由交易黄金市场和限制交易市场。自由交易市场内黄金可以自由输出入，居民和非居民可以自由买卖黄金，如苏黎世。而在限制交易市场，黄金的输出和输入，一般要受到管制，只允许非居民自由买卖黄金。还有一些实行严格管制的黄金市场，对黄金输出、输入实行严格管制，只准居民自由买卖，实际上只是国内黄金市场。

（二）黄金市场工具

当今的黄金分为商品性黄金和金融性黄金。商品性黄金交易额不足总交易额的3%，90%以上的市场份额是黄金金融衍生物。

国际黄金市场交易的衍生工具可分为标准化的场内交易品种和非标准化的场外交易品种。

标准化场内交易产品是指产品交易要素标准化程度较高的黄金市场衍生品，其交易的场所大多是为官方认可的、较为规范的市场，主要品种包括黄金期货、期权、黄金 ETF（Exchange Traded Fund，是指一种以黄金为基础资产，追踪现货黄金价格波动的金融衍生产品）等，这类产品面临信用风险相对较低。

非标准化场外交易产品是标准化程度较低的交易产品，交易场所可以是场内也可以是场外。主要包括黄金租赁、黄金凭证、黄金投资基金、黄金远期和掉期等，这类产品面临的信用风险相对较高。

（三）我国的黄金市场

新中国成立初期，我国黄金储备只有六千多两，黄金成了新中国绝对重要的战略物资和紧缺的国家储备。国内黄金白银买卖统一由中国人民银行经营管理，冻结一切民间金银买卖活动，严厉打击银元投机及黄金走私活动。改革开放之后，外汇储备不断增加，拉开了黄金管理体制改革的序幕。1979年国务院授权中国人民银行公开发行纪念金币，1982年中国人民银行发出《关于在国内恢复销售黄金饰品的通知》，黄金饰品允许进入商品零售市场。此后，国家又颁布了一系列有关放松黄金管理的条例。2002年10月，上海黄金交易所的正式成立，标志着我国黄金市场的产生，至此，我国完整的金融市场体系已经铸就。

虽然我国的黄金市场起步较晚，但却在不长的时间内取得了长足的进步：市场规模明显扩大，投资比例增长较快，定价机制逐步形成，投资品种不断丰富，市场参与者数量增加，黄金市场显示出了良好的前景。

议一议：

黄金价格走势如何？

中国黄金市场的建立和发展，标志着包括货币市场、资本市场、外汇市场在内的中国主要金融产品交易市场基本建成，中国金融市场体系更加完整，而一个完整的金融市场体系将为中国的宏观经济调控提供更加坚实有效的微观基础。

 **小知识：**

世界官方黄金储备前20名（2014年1月，单位：吨）

全球合计31924.7。1. 美国8133.5；2. 德国3387.1；3. 国际货币基金组织2814.0；4. 意大利2451.8；5. 法国2435.4；6. 中国（大陆）1054.1；7. 瑞士1041.1；8. 俄罗斯1015.1；9. 日本765.2；10. 荷兰612.5；11. 印度557.7；12. 欧洲央行502.1；13. 中国台湾423.6；14. 葡萄牙382.5；15. 委内瑞拉367.6；16. 沙特阿拉伯322.9；17. 英国310.3；18. 黎巴嫩286.8；19. 西班牙281.6；20. 奥地利280.0。

重要概念

金融市场　货币市场　同业拆借市场　商业票据市场　股票市场　股票发行市场　股票流通市场　股票价格指数　投资基金市场　外汇市场　黄金市场

思考与实训

1. 你所知道的货币市场有哪些？
2. 观察当日我国上海、深圳股市行情，并分析其特点。
3. 利用计算机进行股票交易模拟操作。
4. 结合实际，谈谈你对我国金融市场的认识。
5. 查看当前黄金价格，分析黄金市场的走向。
6. 查找资料和调研：思考我国金融市场的发展状况及存在的主要问题。

第七章 货币供求

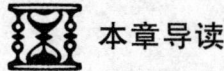 **本章导读**

人们生活时刻伴随货币供求

人们生活离不开货币，要取得货币、要支付货币，从宏观角度说这就是货币供求。但人们会感到有时货币"不值钱"，有时"很值钱"，这就是通货膨胀与通货紧缩等问题，政府要进行宏观调控。如 2007 年，央行一年内连续 10 次上调法定存款准备率，6 次加息，对调节通货膨胀预期起到了重大作用；2011 年 CPI 同比增幅从年初的 4.9%一路高歌猛进至年中的 6.5%，使人们感到通货膨胀的压力；2014 年 4 月 CPI 同比涨幅为 1.8%，创下 18 个月以来的新低……那么，货币是如何进入流通的？货币需求量由什么决定？什么因素导致货币供给量发生变化？如何防止通货膨胀与通货紧缩以促进国民经济健康发展？本章为你解读货币供求。

第一节 货币供应

一、货币供应

货币供应是指在一定时期内银行系统通过自身的业务活动向市场提供货币的全过程。阐述的是货币供应的机制。货币供应量是银行系统根据货币需要量，通过资金运用注入市场的货币量。它既是货币供应的结果，又是对经济产生积极或消极影响的重要变数。

在今天不兑现的信用货币流通条件下，由于货币量最初都是由银行供应的，是银行的债务凭证。因此，货币供给量也就是由个人、企事业单位和政府部门共同持有的、由银行系统供应的债务总量。其中现金是中央银行的负债，存款是商业银行的负债。而这些负债完全由银行通过各项资产业务（如贷款）向国民经济中投放。从一定意义上说，货币供应量的多少是由银行体系资产业务的规模大小决定的。这绝不是说，在一定时期内，货币供应量可以由银行系统任意创造。但毫无疑问，银行是现代经济生活中供应货币的主体。

商业银行的货币供应是在其自身的资产负债业务中,通过创造派生存款形成的。中央银行作为货币供应的主体,主要通过调整和控制商业银行创造存款货币能力及行为,发挥其在货币供应过程中的作用。社会其他部门对货币供应也有不可忽视的作用。

可见,货币供应量是一个综合变量。中央银行可以按照它自身的意图,通过货币政策工具如法定存款准备率、再贴现率、公开市场业务等对社会的货币供应量进行扩张或收缩,货币供应量的多少在很大程度上确实为国家政策所左右。然而,货币供应量的变动又受制于客观的经济运行过程,还取决于除中央银行之外的其他经济主体的货币收付行为。货币供应量是财政、金融、投资、消费、国际收支等的综合反映。

根据以上分析,货币供应量可用公式表示:$M = K \cdot B$

M为货币供应量,K为货币乘数,B为基础货币。

基础货币是具有总量倍数扩张或收缩能力的货币。它本质上表现为中央银行的负债,由存款准备金和流通中的通货两部分构成。基础货币一旦流入商业银行系统,就会增加银行信用创造的基础,并使货币供应量成倍增长。

想一想:

为什么说货币供应量是个综合变量?

货币乘数就是货币扩张或收缩的倍数。它反映了货币供应量与基础货币之间的倍数关系。由于货币供应量是根据基础货币和货币乘数计算得出的,货币乘数的确定只能从商业银行存款派生过程推导得出。

二、货币创造

作为信用中介和支付中介的商业银行,在组织资金来源、调剂货币资金余缺和组织客户间结算的基础上,进一步发展了创造信用货币的重要功能。

(一)原始存款与派生存款

原始存款是指商业银行接受客户的现金所形成的存款。原始存款是商业银行从事资产业务的基础,也是商业银行创造派生存款的基础。

派生存款是相对原始存款而言,是指由商业银行发放贷款、办理贴现和投资等业务活动引申出来的存款。也叫衍生存款。

(二)银行创造信用货币的过程

在发达的信用制度下,由于非现金结算的普遍开展和票据的广泛使用,商业银行发放贷款一般不需要以现金形式支付给借款企业,而是把贷款转入借款企业的存款账户,而后由企业签发票据使用贷款。这样,由于银行贷款的增加,就会引起银行存款的增加。

派生存款产生的过程,就是商业银行吸收存款、发放贷款、形成新的存款额……不断地在各银行存款户之间转移,最终使银行体系的存款总量增加的过程。因此,银行创造派生存款的实质,是以非现金形式为社会提供货币供应量。

(三)影响存款派生的因素

在现实中,商业银行所吸收原始存款不可能全部用于发放贷款。因为它们都要向中央银行交存法定存款准备金,公众也会从银行提走一部分现金,银行自己也需要保留一定的超额储备,这些金额将会退出存款的派生过程,从而成为影响存款派生多少的重要因素。

1. 法定存款准备金率(r)。一国金融当局以法律形式规定商业银行吸收的存款必须按一定比例转存中央银行,这部分存款被称为商业银行的法定存款准备金。存款准备金占存款余额的比率称为法定存款准备金率。存款准备金缴存中央银行以后,就不能再作为商业银行的可贷资金。因此,存款准备金率的大小直接影响着商业银行放款规模的收缩或扩张,从而成为制约商业银行调控货币量的一个重要手段。派生存款扩大的倍数同存款准备金率的高低成反比,准备金率越高,派生存款的倍数就越小。

2. 提现率（c）。现实生活中,存款客户总会从银行或多或少提取现金,从而使一部分现金流出银行系统,出现所谓的现金漏损。现金漏损与存款总额之比称为现金漏损率,也称提现率。显然,存款的提现率高,就会使商业银行的可贷放资金减少,相应减弱存款派生的能力。因此,提现率与存款派生倍数呈反比关系。

3. 超额准备率（e）。超额准备率是指商业银行超过法定存款准备金而保留的准备金占全部存款的比率。商业银行在经营过程中,为了安全或应付意外之需,实际持有的准备金总是高于法定准备金,从而形成了超额储备。商业银行的超额准备金越高,可用于贷放

议一议：

银行可以无限创造货币吗？

的资金就越少,存款派生能力也越少。所以,只要商业银行保留超额准备金,就会削减其存款派生能力,二者之间存在着反方向变动关系。

4. 活期存款转化为定期存款的比率（t）。活期存款转化为定期存款,这部分资金仍然在银行系统内,只是为定期存款保留的准备金不能进入存款创造过程,也就意味着银行用于发放贷款的资金来源发生了相应的变化,从而影响派生存款的创造过程。

至此,货币乘数公式修正为：$K = 1/(r+c+e+t)$ 即：

货币乘数 = 1÷（准备金率 + 提现率 + 超额准备率 + 活期存款转化为定期存款的比率）

由此可见,商业银行吸收一定的原始存款,能够创造多少派生存款要受到法定准备金率、提现率、超额准备金率、活期存款转化为定期存款的比例等因素的影响。

 小知识：

我国的货币供应（2014年,亿元人民币）

项目	1月	2月	3月	4月	5月
货币和准货币（M2）	1123521.2	1131760.8	1160687.4	1168812.7	1182300.3
货币（M1）	314900.6	316625.1	327683.7	324482.5	327835.3
流通中货币（M0）	76488.6	62321.0	58329.3	58615.5	58051.1

第二节　货币需求

一、货币需求的概念

货币需求是指社会各部门（政府、企事业单位和个人）能够并且愿意以货币形式持有

而形成的对货币的需要。为了全面理解货币需求的概念,应注意把握以下几点:

第一,货币需求是一种能力与愿望的统一。货币需求不是一种纯主观的或心理上的占有欲望,不是人们无条件地"想要"多少货币的问题,人们对货币的欲望可以是无限的,但对货币的需求却是有限的。因为,货币需求要受到社会各部门获得或持有货币的能力的限制。有能力而不愿意不会形成对货币的需求,愿意而无能力只是一种不现实的幻想。

第二,货币需求是对现金货币和存款货币的共同需求。因为现金和存款是货币的两种不同的存在形式,不仅现金可以媒介商品交易,而且在商品流通过程中,存款同样可以发挥流通手段和支付手段职能,现金和存款都是作为一般等价物,为统一的商品流通服务的,所以货币需求包括了现金货币需求和存款货币需求。

第三,货币需求是对货币的交易需求和资产需求的综合。货币的交易需求是基于商品流通而产生的货币需求,是经济活动对货币流通手段和支付手段的数量要求。在实际生活中,货币除了作为交易媒介,其本身也具备保值的价值。随着信用制度的完善和金融

想一想:

货币需求是存量概念吗?

市场业务的发展,人们将货币视为一种资产,并进行各种金融资产交易,以谋求货币资产的保值增值。这种为取得资产收益而形成的货币需求,称为货币的资产需求。

第四,货币需求有名义需求与真实需求之分。名义需求是社会各部门所持有的货币单位的数量。而真实货币需求则是指名义货币数量在剔除了通货膨胀因素后的真实货币购买力。它们之间的区别就在于是否剔除了物价变动的影响。区分并研究货币的名义需求与真实需求对于判断宏观经济形势、制定并实施货币政策具有重要意义。

二、货币需求量的测定

货币需求量是指在一定时期因经济发展水平、经济结构以及经济周期形成的对货币的需求数量的总和。

(一)马克思的货币需求理论

马克思的货币需求理论是通过货币流通规律展示出来的。马克思在分析了商品流通与货币流通的关系之后,揭示了著名的货币流通规律。

其公式为:$M = PQ/V$(式中 M 为流通中的货币需要量;P 为价格水平;Q 为待售商品数量;V 为货币流通速度)。

马克思在货币必要量规律的基础上,提出了纸币流通规律。用公式表示为:

单位纸币所代表的价值量 = 流通中金属货币需要量/流通中的纸币总量

在货币需求不变的前提下,如果货币供给量增加,则会出现币值下降和物价上涨的结果。

(二)货币数量论的货币需求理论

1. 费雪的现金交易方程式。美国经济学家欧文·费雪于 1911 年出版了《货币的购买力》一书,提出了著名的"交易方程式"。他的现金交易方程式是从货币和商品实际交易的数量关系入手来探讨货币需求理论。它着眼于货币的流通手段职能,认为货币是纯粹的交易工具。所谓货币数量是在一定时期内流通的货币量,因而称为现金交易数量,其理论称为现金交易数量论。

费雪的交易方程式为：MV = PT（式中：M 为流通中的货币量；V 为货币流通速度；P 为一般物价水平；T 为商品劳务的实际交易总量）。

2. 剑桥学派的剑桥方程式。英国剑桥学派的代表人物马歇尔和庇古从研究人们为何保有货币，以及保有多少货币才适度为出发点，提出了剑桥学派的货币需求理论——现金余额数量说。剑桥方程式是着眼于货币的贮藏手段职能，认为货币是购买力的暂时贮藏手段。所谓货币数量，乃是一定时点的货币量，因而称为现金余额数量。

剑桥方程式：M = KPY（式中：M 为货币需求量；K 为以货币形式持有的资产占总收入的比率；P 为一般价格水平；Y 为实际收入水平）。

（三）凯恩斯的货币需求理论

凯恩斯于 1936 年在《就业、利息和货币通论》一书中，系统地提出了他的货币需求理论。其最显著的特点是注重对货币需求的各种动机的分析。凯恩斯认为，人们对货币的需求出于三个动机，即交易动机、预防动机和投机动机。

想一想：

你的货币需求动机有哪些？何种为主？

交易动机是指人们为了日常交易的方便而在手头保留一部分货币。因交易动机而产生的货币需求与收入同方向变动。预防动机也叫谨慎动机，是人们为了防备意外或为了应付不可预料的紧急需要，必须持有一定数量的货币，预防动机而产生的货币需求也与收入同方向变动。投机动机是指由于未来利息率的不确定，人们为避免资本损失或增加资本收益，及时调整资产结构而形成的对货币的需求。投机性货币需求同利率的高低呈反方向变化，是利率的递减函数。

由交易动机和预防动机而产生的货币需求一般用于商品或劳务交易，称为交易性货币需求，用 L_1 表示，是收入 Y 的递增函数，即 $L_1 = L_1(Y)$；投机性货币需求 L_2 则与利率有关，是利率的递减函数，即 $L_2 = L_2(r)$。

货币总需求 L 由交易性货币需求和投机性货币需求构成，即 $L = L_1(Y) + L_2(r)$（式中，L 为货币需求总量；Y 表示国民收入，r 表示市场利率。L_1 随 Y 正向变化；L_2 随 r 反向变化）。

（四）弗里德曼的货币需求理论

以美国经济学家弗里德曼为首的货币学派的货币需求理论也称为现代货币数量论。与凯恩斯不同，弗里德曼在研究货币需求时是把注意力从持有货币的动机上引开，而关注人们持有货币的事实。他认为，与消费者对商品的选择一样，人们对货币的需求同样受以下三类因素的影响：第一为财富或收入的变化；第二为持有货币的机会成本；第三为持有货币给人们带来的效用。

弗里德曼的货币需求函数表明：实际货币需求量是恒久性收入、非人力财富占个人总财富的比率、预期的名义收益率、固定收益的证券收益率、非固定收益的证券收益率、预期物价变动率、主观偏好与风尚以及客观技术与制度等因素的综合变数。

小知识：

货币均衡

货币均衡是指在一定时期经济运行中的货币需求与货币供应在动态上保持一致的状态。可从三方面理解：一是货币均衡是货币供求作用的一种状态，使货币供应与货币需求的大体一致，而非货币供应与货币需求在数量上的完全相等。二是货币均衡是一个动态过程，在短期内货币供求可能不一致，但在长期内是大体一致的。三是货币均衡不是货币供应量和实际货币需求量一致，而是货币供应量与适度货币需要量基本一致。

货币均衡的标志体现在以下三个方面：一是商品市场物价稳定。二是商品供求平衡。社会上既没有商品供应过多引起的积压，也没有商品供应不足引起的短缺。三是金融市场资金供求平衡，形成均衡利率。社会有限资源得到合理配置，货币购买力既非过多，也非不足。

第三节 通货膨胀

一、通货膨胀的概念

通货膨胀是指由于货币供应过多而引起货币贬值、物价上涨的货币现象。对这一概念的理解，应注意掌握以下几点：

（一）通货膨胀与纸币流通相联系

通货膨胀是一个货币现象，在任何一种货币制度下，只要货币供应量超过了经济生活中的客观需要量，就会导致货币贬值、物价上涨，出现通货膨胀。在纸币流通条件下，一方面由于纸币流通从技术上提供了无限供给货币的可能性，并可以通过国家权力使这些货币强制进入流通。另一方面，纸币作为一种价值符号，本身没有内在价值，进入流通的多余纸币不会通过贮藏方式而退出流通，不具备自动调节货币流通量的功能，只能通过纸币贬值、物价上涨方式表现出来。

（二）通货膨胀与物价总水平相联系

物价总水平是指各类商品和劳务价格总在一起的平均数，或称"一般物价水平"。而货币的币值是针对一般商品和劳务的购买力，它不是与某一类商品或劳务相对应的。因此，货币贬值只能与物价总水平相联系。某一类商品或劳务价格的上涨并不能说明发生了通货膨胀。

通货膨胀与物价总水平有关，那么用什么来衡量物价水平呢？各国较为流行的物价指数一般有消费物价指数、批发物价指数和国民生产总值平减指数三种。

在我国，通常是用全国零售物价总指数来测量通货膨胀率，政府文件中提及的通货膨胀率也是以此指数为准。

（三）通货膨胀与物价的持续上涨相联系

经济生活中季节性、暂时性或偶然性的价格上涨不能视为通货膨胀。通货膨胀中的价格变动应是一个过程，在这个过程中物价具有上涨的基本倾向，并将持续一定的时间。故一般通货膨胀是以年度为时间单位来考察的，用年通货膨胀率来表示。

上述三点实际上是从货币供给的角度解释了通货膨胀的涵义，即货币供给量过多是产生通货膨胀的直接原因，货币贬值是通货膨胀的形式，物价上涨是通货膨胀的具体表现。

（四）通货膨胀与物价上涨程度相联系

在实际工作中，人们为了具体地界定有无通货膨胀，常以物价上涨幅度为准，只要一国年物价上涨幅度超过了一定限度，就意味着有通货膨胀。一般按物价上涨幅度可把通货膨胀分为几类：

1. 温和通货膨胀。又称爬行通货膨胀。这种通货膨胀发展较为缓慢，不易被察觉，持续时间可能较长。一般认为，年物价上涨幅度在10%之内即为温和的通货膨胀。

想一想：

你到食堂买饭时发现菜价上涨了，是否意味通货膨胀了？

2. 严重通货膨胀。又称快步通货膨胀。这是指年通货膨胀率在20%—50%以内的通货膨胀，物价上涨速度较快，幅度较大。

3. 恶性通货膨胀。又称为奔腾式的通货膨胀。这种通货膨胀的年通货膨胀率超过了50%，并呈现加速飞涨的态势。它一旦出现，即标志着正常的经济活动趋于紊乱，货币制度乃至整个社会经济秩序有面临崩溃的危险，很难再有效控制住通货膨胀率。

二、通货膨胀的成因

为什么会有通货膨胀？一般认为，通货膨胀是由需求拉上、成本推进、结构失衡、国外输入等原因形成的。

（一）需求拉上型通货膨胀

需求拉上型通货膨胀指由于社会总需求超过社会总供给，从而导致物价上涨所形成的通货膨胀。需求拉上，就是经济体系中存在对产品和劳务的过度需求，过多的需求拉动价格水平上涨。由于总需求是由有购买能力的货币量所构成，总供应是表现为市场上的商品和劳务，因此，"需求拉上型通货膨胀"可通俗地说成是"太多的货币追求太少的商品"。

社会总需求的扩大有多种渠道。（1）投资扩大。如果在利率、投资利润率等有利于投资者时，投资就会增加，而投资增加总是要求以货币供应予以支持，总需求必然随其扩大。（2）消费支出。由于经济发展速度快，居民所得不断增加，消费也随之增加，造成消费品需求大于消费品供应。（3）财政支出。政府不断地扩大财政支出，引发财政赤字，或大量发行公债，或大量向中央银行透支，都会引发物价上涨。还有外贸出超、信用规模过大等因素也会导致了货币供给的过量，使过多的货币追求供给量有限的商品和劳务，从而引发了物价上涨。可见，需求拉上型通货膨胀揭示了需求因素对物价上涨的内在作用机制。

（二）成本推动型通货膨胀

成本推动型通货膨胀是指由于供应过程中的成本提高而导致物价上涨所形成的通货膨胀。

成本上升的原因很多，主要有：（1）工资成本上升。工资提高后，生产者一般采用提高产品售价的办法，从而引起市场价格的上升。一个行业工资水平的上升将带动其他行业工资历水平的上升，引起物价总水平的提高。(2) 垄断企业利润提高，垄断产品价格提高。垄断性企业为了追求超额外负担利润而提高垄断产品价格后，以垄断产品为原料和基础品的企业产品成本就会相应提高，这些企业也要提高产品售价，从而引起物价总水平的上升。(3) 进口成本、间接成本等的上升。依赖进口原材料生产的企业，当进口原材料由于汇率变动等因素提高价格后，进口企业成本就提高，必然会引起国内商品价格的提高。企业在生产经营过程中发生的管理费用、推销费用等间接费用上升也是成本上升的重要因素。

（三）混合型通货膨胀

混合型通货膨胀是需求拉上的作用和成本推进的作用混合在一起所形成的通货膨胀。如在总需求增加而引起的通货膨胀中，不仅商品价格要上涨，而且因生产成本的相应提高，必然会使总供给减少，产出水平下降，从而又引起成本推进的通货膨胀。可以说，无论是需求拉上型通货膨胀还是成本推进型通货膨胀，并不能带来物价的持续上涨，只有当总需求与总供应共同作用时，才会导致持续性的通货膨胀。

（四）结构失衡型通货膨胀

结构失衡型通货膨胀是指由于经济结构失衡所引起的通货膨胀。主要是由于产业结构、消费结构、部门结构等的失衡而引发通货膨胀。拿产业结构来说：在总需求不变的情况下，需求的结构发生了变化，一些部门需求增加，另一些部门需求减少。于是一部分社会需求就从衰退部门逐渐转移到新兴部门。这样，新兴部门的产品价格和工资就上涨；由于价格和工资的刚性，衰退部门的产品价格和工资不会下跌，从而引起一般物价水平上涨，导致通货膨胀。

（五）输入型通货膨胀

输入型通货膨胀是指由于国外的通货膨胀输入本国而所起的通货膨胀。因为在世界经济一体化的当代，国际投资、国际贸易、国际旅游等日趋频繁，因此物价上涨很容易经过多种渠道由一国传送到其他国家。如价格途径、需求途径、货币途径等等。

议一议：

我国近期发生的通货膨胀的主要成因。

三、通货膨胀的影响

通货膨胀是各种社会经济问题的综合反映。它对社会经济的影响也是多种多样、十分复杂的，这里着重阐述以下四个方面。

（一）通货膨胀对国民经济的影响

一般而论，从短期来看，在存在闲置资源、闲置生产能力等严格约束的条件下，实行通货膨胀政策，或许能起到刺激经济增长的作用。但从长期来看，特别是在资源短缺、社会需求过旺、经济结构不协调的情况下，实行通货膨胀政策只会损害实际经济增长。

因为通货膨胀对经济增长的刺激作用毕竟是有条件的、暂时的和非常有限的。如果长期搞通货膨胀，必然会搅乱正常的社会秩序，损害货币的信誉，使价格信号变得混乱和难以预测，使银行存款大量减少，使投资活动风险加大和陷入萎缩，投机盛行，最终导致物价高涨与经济增长衰落交织并存的状态，形成日益严重的且又难以克服的所谓"滞胀"局面。

（二）通货膨胀对收入分配的影响

通货膨胀有调整社会财富分配的作用，即通过物价上涨或价格背离价值的形式进行财富的重新分配或价值的再分配,从而引起社会各阶层经济利益关系的变化。

1. 有利于债务人。在发生通货膨胀的时候,债务人所欠债务额虽然没有改变,但由于货币贬值,债务人就可以用较少的商品或劳务来清偿所欠债务,相应地债权人却要为此而蒙受一定地经济损失。

2. 有利于投机者。通货膨胀的出现预示着货币的贬值和实物资产的升值,这必然会造就抢购、囤积、惜售有效商品物资和不动产的投机者,推动物价水平的进一步上涨,使通货膨胀更为严重,从而有利于投机者浑水摸鱼、大发横财。

3. 影响居民的生活水平。在通货膨胀时期,居民储蓄存款会贬值,固定薪水阶层的工资性收入增长往往赶不上物价上涨,农民群众的实际收入水平也往往因生产资料价格上涨而呈下降趋势,这必然会影响广大人民群众的实际生活水平及其生产的积极性,甚至会影响社会秩序和政治经济制度的稳定。

(三)通货膨胀对财政收支的影响

一方面,国家财政出现赤字,是导致货币供给量增加和引发通货膨胀的主要原因之一;另一方面,通货膨胀的出现又会直接影响财政收支的平衡。原因是,政府虽然可以通过发行债券或直接向中央银行借款来弥补财政赤字,但随着货币的贬值,财政实际收入也必然会缩减。此外,随着物价不断上涨所造成的经济衰退和社会经济秩序的紊乱,也必然会导致财政收入的减少和财政支出的增加,从而进一步加剧财政赤字的增长,形成财政赤字与通货膨胀之间的恶性循环。

(四)通货膨胀对信用活动的影响

通货膨胀对货币信用活动及其制度有极大的破坏作用,主要表现是:

1. 使商业信用萎缩。由于货币贬值有利于债务人而不利于债权人,这就阻碍了以赊销商品、延期付款方式存在的商品信用的发展。

2. 使银行信贷规模缩减。由于货币贬值,人们不愿意往银行存款,甚至银行存款被大量提现,从而导致银行无力增加贷款和派生存款的大幅收缩。

想一想:

通货膨胀对你的生活有什么影响?

3. 阻碍对外金融活动的发展。由于本国货币大幅贬值,造成汇率、物价上涨激烈波动,这必然会扩大国际收支的逆差,降低国家偿还外债的能力,影响外国资本的正常输入和外汇收支的合理结算。

4. 在通货膨胀恶性发展的情况下,会造成信用危机。如工商企业不再搞商业信用,居民不再往银行存款,商业银行存贷款信用业务陷于停滞,中央银行不得不更换货币等。

四、通货膨胀的治理

世界各国都不同程度地受到过通货膨胀的侵扰和危害,因此,针对通货膨胀的成因和程度,分别采取了不同的治理对策,具体的政策措施有:

(一)紧缩政策

在通货膨胀完全由总需求超过总供给所引起的情况下,政府应采取经济紧缩政策。经济紧缩主要有两条政策途径:紧缩性货币政策和紧缩性财政政策。

1. 紧缩性货币政策。中央银行提高法定存款准备率、再贴现率和进行公开市场业务,以紧缩信贷总规模、减少投资和市场货币供给量,从而压缩社会总需求。

2. 紧缩性财政政策。政府削减财政开支,压缩公共工程支出,并提高个人所得税率,使消费者可支配的收入减少,直接紧缩政府和个人对市场商品和劳务的需求。

通过紧缩性的财政货币政策,可以压缩消费支出、投资支出和政府支出,促使总需求接近总供给,以稳定通货。

(二) 物价与收入政策

针对成本推进型通货膨胀,实行紧缩政策,虽然可以暂时降低通货膨胀率,但也可能带来失业的增加和经济衰退。为避免这种后果,政府应采用"物价—收入政策"来治理通货膨胀,即由政府拟定物价和工资标准,劳资双方共同遵守,以达到在充分就业条件下降低通货膨胀率的目的。

"物价—收入政策"对工资、物价的管制,有自愿性和强制性两种做法。自愿性做法是政府用劝导方法使劳资双方自愿约束其价格和工资的增长。强制性做法则是政府通过立法程序,规定物价和工资上升不能超过一定限度,在极端情况下甚至将物价和工资冻结在某一既定水平之上,违反者将受到法律制裁。强制性做法一般只在战争或经济紧急状态时才采用。

(三) 改善供应政策

治理需求拉上型通货膨胀,紧缩政策是单纯依靠压缩总需求来实现通货稳定的,而供应方面的经济政策,一方面是通过削减政府开支、限制货币供给量等措施压缩总需求,以平抑物价;另一方面又采取降低公司所得税率、减少政府对工商业的干预等措施来刺激生产的增长,以维护较高的就业水平。改善供应政策,改变只着眼于解决过度需求的做法,为稳定物价、缓解通货膨胀开辟了一条新途径。

(四) 货币政策改革

一个国家如果出现恶性通货膨胀,整个货币制度已处于或接近于崩溃的边缘,政府采取的对策只能是实行货币改革政策。它的一般做法是废除旧币,发行新币,并对新币制定一些保证币值稳定的措施。同时,货币改革还必须辅之以其他手段,如保持社会秩序稳定、恢复和增加生产等。

议一议:

为什么要废除旧币,发行新币?

小知识:

痛 苦 指 数

美国著名经济学家亚瑟·欧肯在20世纪60年代时创立的"痛苦指数",代表令人不快的经济状况,等于通货膨胀与失业率之总和。数字越高,表示人们的痛苦程度越高。其公式为:痛苦指数=通货膨胀百分比+失业率百分比。

有实证研究表明,公众对于通货膨胀的忍受力是失业的1.6倍,因此有人提出痛苦指数的公式应该为:痛苦指数=(通货膨胀百分比/1.6)+失业率百分比。

第四节 通货紧缩

一、通货紧缩的概念

通胀紧缩是指价格总水平持续下跌、货币供应量持续下降的经济现象。

（一）价格总水平持续下降是一个动态过程

物价持续下降不是由于技术进步和劳动生产率提高而引起的，不是存在于个别部门和部分产品，也不是存在于相对较短的时间。而是在较长的时间内，商品与劳务价格普遍地、不断地下降。不是简单的物价下降，而是物价总水平连续下降的动态过程。一般认为，物价水平长时间的负增加才能称为通货紧缩。而负增长到底多少为通货紧缩？这是一个主观判断标准，可以与通货膨胀相对应，在通货紧缩前冠以"温和"、"严重"、"恶性"等加以描述。

（二）通货紧缩是经济衰退的货币表现

严重的通货紧缩往往同时伴随着经济衰退。因而，通货紧缩除了以物价水平下降来判断，还可以表现为有效需求不足、生产下降、失业率提高等。

首先，通货紧缩意味着同样数量的货币可以购买到更多的物品，因而增加了货币的购买力，明天会更便宜的价格预期促使人们更多地储蓄，更少地支出，尤其是减少耐用消费品的支出，这使私人消费支出受到抑制。

其次，通货紧缩期间，一般物价的下降相对提高了实际利率水平。即使名义利率下降，实际利率也可能居高不下。因此，资金成本较高，可投资的项目日渐减少。

再次，最终产品价格的下跌对于新开工的投资项目产生不利影响。通货紧缩使大部分投资项目的预期收益率与资金成本率之间的差额缩小，甚至可能出现赤字。这样，投资项目便显得越来越缺乏吸引力，致使社会总投资支出趋于减少。

想一想：

通货紧缩意味着商品价格下降，对你是好事吗？

最后，商业活动的停滞使失业率有所增加，同时可能使名义工资倾向于降低，而居民总收入的下降会进一步减少消费支出。这样，商业萎缩会通过失业增加以及工资下降得到加速。

二、通货紧缩的影响

（一）通货紧缩对投资的影响

通货紧缩对投资的影响主要通过影响投资成本和投资收益而发生作用，同时还通过资产价格变化对投资产生间接影响。

通货紧缩使得实际利率有所提高，社会投资的实际成本随之增加，这种实际成本的增加，使投资项目处于微利或无利可图的境地。通货紧缩也使可以预测的投资收益下降，这就迫使投资倾向随之下降。

通货紧缩往往伴随着证券市场的萎缩。以股票投资为例，通货紧缩条件下，由于产品市场供过于求的矛盾比较突出，据此，理性的投资者会预期价格将进一步下降，公司的预期利润会减少，因而上市公司不仅会推迟新的投资项目实施，而且还会缩减产量，以减少投资项目的亏损。这样，公司利润会降低，股票价格趋于下降。此外，名义利率的下降又使原发行的企业债券成本上升，利润减少。

就通货紧缩对投资的影响来看，它会扭曲资源的有效配置，并影响到潜在生产能力的实现。尤其是在持续的通货紧缩条件下，由于相对价格的真实变动非常模糊，不变的名义税率尤其是比例税率实际上会增加企业税收负担，从而阻碍经济的复苏。

（二）通货紧缩对消费的影响

物价下跌对消费需求有两种作用方向完全相反的效应，一是价格效应，二是收入效应。初看起来，通货紧缩对消费者来说是一件好事，因为，消费者可以用更低的价格得到一定数量和质量的商品，这一点符合消费者力求使其支出最小、收获最大的要求，这是通货紧缩对消费者产生的价格效应。

通货紧缩还会对消费者产生收入效应。在通货紧缩情况下，就业预期和工资收入因经济增幅下降而趋于下降，收入的减少倾向于使消费者缩减消费，而且，如果消费者预期未来价格还会下降，那么他还会推迟消费。

在通货紧缩情况下，价格效应使消费者倾向于增加消费，收入效应使消费者缩减支出。但总的看来，两者相抵，通货紧缩对消费意愿的影响是消极的，即通货紧缩会使社会消费总量趋于下降。

（三）通货紧缩对收入再分配的影响

分配不公会加剧通货紧缩，同时，通货紧缩也会加剧分配不公。因为，收入水平低的社会阶层生活需求满足程度较低，一旦收入有所增加，所增加的收入可能大部分用于消费支出。对于收入水平高的社会阶层，日常消费支出完全得到满足，支出的增减大多数与奢侈品的消费有关。在通货紧缩时期，收入下降，高收入者只是减少了奢侈品的支出，中低收入者则完全有可能减少日常必须的消费支出，这使得原本就已经存在的分配不公更加剧了通货紧缩。

在通货紧缩时期，普通商品价格下跌，金融资产也常常面临价值缩水。虽然名义利率很低，但由于物价呈现负增长，实际利率比通货膨胀时期高出很多。所以，在通货紧缩时期，高的实际利率有利于债权人，不利于债务人。不过，如果通货紧缩持续时间很长，而且相当严重，导致债务人推迟甚至丧失偿还能力，那么债权人也会受到损失。

通货紧缩时期，因为物价普遍下跌，名义收入一般也会下降，如果工资收入的下调滞后于物价下跌，则实际工资并不会下降。但是，严重的经济衰退会削弱企业的偿付能力，致使企业下调工资或者增加失业人数，最终导致工资收入减少。

议一议：

通货紧缩对我们生活有什么影响？

（四）通货紧缩对银行体系的影响

通货紧缩会导致银行贷款的相对减少，甚至出现信贷紧缩，而严重的信贷紧缩所导致的经济衰退又可能使银行业产生困难。

通货紧缩会大大伤害借款人的利益，增加倒闭和半停产企业的数量，最终影响到银行贷款的偿还能力，并对信贷扩张也会产生直接的影响。通货紧缩一旦形成，即使名义利率接近于零,价格下跌的现实和预期也会导致实际利率上升、企业债务负担加重,企业经营将面临进一步困难,甚至使债务人最终无法偿还债务,致使银行不良贷款增加,货币供应增长减缓,严重到一定程度,有可能导致银行体系的崩溃。

当银行面临系统性恐慌时,一些资不抵债的银行因存款人将存款转化为现金产生"挤提"现象而破产。不仅如此,银行倒闭还会减少货币供给,致使货币政策传导出现困难,进一步加剧通货紧缩。与此同时,公众对现金持有的增加,使银行的流动性大大减少,并使银行持有的非流动性资产增加。由此可见,持续的通货紧缩会造成大部分宏观经济指标恶化。

三、通货紧缩的原因和治理

(一)通货紧缩的形成原因

通货紧缩的原因是多种多样的,一般来说,可从以下几点来说明。

1. 货币政策因素。如果中央银行采取了过猛的紧缩货币政策,货币供应量就会急剧减少,使大量的商品追逐货币,致使单位商品的货币数量有所减少,可能会产生物价的持续下降,形成通货紧缩压力。

2. 生产能力过剩因素。当生产能力过剩时,便会产生商品供过于求的现象,并出现物价的持续下跌。此外,较低的融资成本和上扬的资产价格,使资本形成的成本趋于下降,导致过量的资本设备投资,也会加剧生产能力的进一步过剩,形成通货紧缩压力。

3. 削减财政支出因素。如果政府紧缩预算,减少财政赤字,大量的公共支出就会减少,转移支付也会下降,这就会使社会总需求趋于减少,可能导致商品和劳务市场出现供求失衡,促使通货紧缩形成。

此外,消费和投资的下降、汇率变动导致出口下降、金融机构不愿意贷款而形成信贷紧缩、经济体制的不合理等都是引发通货紧缩的因素。

(二)治理通货紧缩的对策

引起通货紧缩的原因是复杂的,对症之药也难以单一。为了治理通货紧缩,应该综合运用各种政策措施,促使一般物价水平回复到原有的均衡水平。

1. 实行扩张的财政政策和扩张的货币政策。实施扩张性的财政政策(我国也称积极的财政政策),扩大财政支出,可以发挥财政支出在社会总需求中的作用,弥补个人消费不足造成的需求减弱,从而使财政政策起到"稳定器"的作用。扩张性财政政策主要措施:一是减税,二是增加财政支出。减税可以相对或绝对的增加居民收入和企业留利,有利于扩大居民消费和企业投资;增加财政支出可以直接增加国内居民收入和投资力度,从而扩大有效需求。在我国实践中,更多的是采取增加财政支出的做法。

采取扩张的财政政策要注意把扩大投资与扩大消费密切结合起来,尽可能地提高投资的经济效益,还应注意积极财政政策在操作上的创新,要通过优化结构、更新形式、加强协调,使积极财政政策在防范通货紧缩中发挥应有的作用。

实施扩张的货币政策,要从防止通货紧缩、防范金融风险出发,适当增加货币供应量,降低利率,调整存款准备金率,实施公开市场业务操作,从而使企业利息费用降低,增加企业利润,提高投资的积极性,增加居民即期消费,从而使经济走出困境,走向繁荣。

想一想:

我国经济中出现过通货紧缩吗?

2. 调整经济结构。通货紧缩最直接的原因就是有效需求不足，但需求不足与供给过剩是同一个问题的正反面，在需求不足的另一面是供给过剩，主要是供给的结构性缺陷。所以，解决需求不足问题，不能仅仅从需求方面入手，还应从供给方面入手，调整供给结构，扩大有效供给，消灭无效供给。事实上，萧条本身就具有消除无效供给的积极作用，大部分无效供应和提供无效供给的厂商都是通过萧条被消除的。例如，降价有助于存货的减少，过剩的设备和落后的企业将被淘汰。所以，从这个意义上说，通货紧缩有助于经济结构的优化。但我们更应从调整经济结构方面来抑制通货紧缩现象。

3. 改善收入分配。在物价下跌的趋势难以扭转的情况下，改善收入分配状况，特别是建立和完善社会保障体制，能遏制消费需求的继续萎缩。

此外，还应采取有力措施，创造各经济主体公平竞争的外部条件，避免生产的盲目发展和竞争的恶性化。

 **小资料：**

我国 CPI 的构成和权重

消费者物价指数（Consumer Price Index），英文缩写为 CPI，是反映与居民生活有关的商品及劳务价格统计出来的物价变动指标，以百分比变化为表达形式，通常作为观察通货膨胀水平的重要指标。

我国 2011 年 CPI 的构成和权重如下：1. 食品 31.79%；2. 烟酒及用品 3.49%；3. 居住 17.22%；4. 交通通讯 9.95%；5. 医疗保健个人用品 9.64%；6. 衣着 8.52%；7. 家庭设备及维修服务 5.64%；8. 娱乐教育文化用品及服务 13.75%。

 重要概念

货币供应　基础货币　货币乘数　货币需求　货币需求量　法定准备金率　提现率　超额准备金率　通货膨胀　需求拉上型通货膨胀　成本推动型通货膨胀　结构失调型通货膨胀　通货紧缩

 思考与实训

1. 谈谈你对货币创造的理解。
2. 你认为通货膨胀对百姓生活有哪些影响？
3. 写出通货紧缩对你日常生活影响的表现。
4. 查找最近一个季度我国货币供应量资料，据此思考我国货币政策的特点。
5. 查找最近一个季度我国 CPI 资料，从货币角度分析如何防范和应对通货膨胀（通货紧缩）？
6. 谈谈你对我国货币需求的理解。

第八章 国际金融

本章导读

国际金融与百姓生活

2010年8月至2014年1月中旬，人民币对美元以约每年2%的涨幅稳步上升。"人民币升值，出国购物更加便宜了"、"人民币升值，孩子出国留学的费用可以省一点了"、"人民币升值，通过外币理财可以赚钱了"等声音此起彼伏。2014年1月中旬至2014年4月底，人民币对美元一个半月内贬值超3%，人民币结束了兑美元的单边升值态势。那么，人民币兑美元的比率是如何确定的？国际间的货币是如何交换的？还有，我国商品的进出口是怎样影响国际收支的？国际货币体系是怎么回事？……本章为你解读国际金融。

第一节 国际收支

一、国际收支的概念

国际收支是指一国在一定时期内各种对外往来所产生的全部经济交易的系统记录。在把握这一概念时，需要注意以下几个方面。

一是时间性。当提及国际收支时，须指明是哪一段时间的国际收支。"一定时期"一般是指一年，但为了动态地反映和及时调节国际收支，也可以半年、季度或月份作为报告期。

二是交易性而非支付性。国际收支的内容反映的是经济交易，它不仅包括对外货币收支，而且还包括不涉及对外货币收支的国际经济关系，如无偿援助、捐赠、战争赔款、国际间易货贸易等。

想一想：

判断一项经济交易是否属于国际收支的标准是国籍吗？

三是居民性而非国籍性。一国国际收支所记载的经济交易必须是在该国居民和非居民之间发生的。即便是同一国籍的公民,只要他们分别属于该国的居民和非居民,那么他们之间的交易就要记入该国的国际收支。这里所指的居民不是法律概念上的"公民",而是个经济概念,是指在国内居住一年以上的自然人(本国人和侨民等)和法人。

二、国际收支平衡表

国际收支平衡表是系统地记录一个国家一定时期内全部对外经济交易项目及其金额的统计报表。

国际收支平衡表由经常账户、资本和金融账户、储备资产账户、错误和遗漏账户构成。

(一)经常账户

经常账户是对实际资源在国际间的流动行为进行记录的账户。它是国际收支平衡表中最基本的往来账户,包括货物和服务账户、收益账户、经常转移账户三个二级账户。

1. 货物和服务。货物是指通过海关的进出口货物,其反映的是对外贸易收支,也称有形收支,借方记录进口总额,贷方记录出口总额,商品进出口额均按离岸价格计算,即只包括装船前费用,而国际运费和保险费却列入服务开支。服务包括运输、保险、邮电、旅行、银行、工程承包、计算机与信息服务、咨询、设计、专利权使用等内容,其所发生的外汇收支,也称无形贸易收支。

2. 收益。记录因生产因素在国际间流动引起的报酬收支,包括职工报酬、投资收益两个细目。职工报酬,主要登录在国外工作期限不超过一年的季节工、边境工人和在外国领使馆及国际组织驻本国机构工作人员的外汇工薪收支;投资收益,主要登录由于借贷、货币或商品直接投资、证券投资而产生的利息、利润、股利等外汇收支。

3. 经常转移。记录本国与外国之间单向价值转移的项目,包括各政府间的无偿转移(如债务豁免、经济和军事援助、战争赔款、捐款等);私人无偿转移(如侨民汇款、赠予、退休金、抚恤金、资助性汇款、罚款和商业损失赔偿等)。

(二)资本账户和金融账户

资本账户和金融账户是指对资产所有权在国际间流动行为进行记录的项目。反映居民和非居民间资本或金融资产的转移。

1. 资本账户。下设两个项目:一为资本转移。主要登录投资捐赠和债务注销的外汇收支。注意资本账户下的资本转移和经常账户下的经常转移不同,前者不经常发生,规模相对较大;而后者一般经常发生,规模相对较小。二为非生产、非金融资产的收买或出售。主要登录那些非生产就已存在的资产和某些无形资产收买或出售而发生的外汇收支,如:土地、矿藏、专利权、商标权、版权、经销权和其他可转让合同的交易等。注意经常账户下服务项目所登录的是对无形资产使用所发生的外汇收支,而本项目登录的是无形资产所有权转让或出卖而发生的外汇收支。

2. 金融账户。它包括了引起一个经济体对外资产和负债所有权变更的所有交易。根据投资类型或功能,金融项目可以分为直接投资、证券投资和其他投资。

(三)错误和遗漏账户

它是一个人为设置的抵消账户。国际收支账户运用的是复式记账法,所有账户的借方总额和贷方总额

想一想:

国际收支平衡表中最主要的账户是什么?

应该相等。但由于从事国际交往的行为主体成千上万，统计时难免会发生差错，造成国际收支平衡表出现净的借方或贷方余额，这就需要人为设置一个抵消账户，数目与上述余额相等而方向相反，以实现国际收支平衡表的平衡。

三、国际收支调节

（一）国际收支平衡

国际收支平衡表的最终差额恒等于零，这是由其复式记账方法所决定的。但这并不是说国际收支平衡表的各个具体项目的借方数额和贷方数额也是相等的。国际收支平衡表每个项目的借贷双方收支相抵后经常出现差额，称之为国际收支差额。如商品输出大于输入，则形成外贸顺差；相反，则形成外贸逆差或称外贸赤字等。

反映在国际收支平衡表上的交易实际有两种：自主性交易（或称事前交易）和补偿性交易（或称事后交易、调节性交易）。自主性交易是指根据自主的经济动机而进行的各种交易活动。商品贸易、直接投资、各种服务交易、赠与等都是此类交易。补偿性交易是指为弥补自主性交易的差额而进行的交易活动。贸易融资、动用储备资产等均属这一类交易。若自主性交易的差额为零，称为国际收支平衡；若这一差额为正数，称国际收支顺差；若这一差额为负数，称国际收支逆差。

（二）国际收支不平衡的原因

一国的国际收支不平衡可以由多种原因引起，概括地说有以下几种：

1. 周期性不平衡。周期性不平衡是指一国经济周期波动引起的国际收支不平衡。在经济周期的不同阶段，国际收支的状况也各不相同。在经济繁荣时期，一是投资和消费需求的旺盛，会引起本国进口需求的增加，贸易收支可能出现逆差；二是伴随经济的快速增长，出口也会增加，又可能导致贸易收支顺差；三是繁荣的经济前景会吸引外国投资，资本项目容易出现顺差。这一时期的国际收支状况，应是上述三个因素共同作用的结果。而在经济萧条时期，仍是这三个主要因素共同作用于国际收支，不过作用的方向相反。

2. 结构性不平衡。结构性不平衡是指国内经济、产业结构不能适应世界市场的变化而发生的国际收支不平衡。结构性不平衡通常反映在贸易账户上。比如，当国际市场发生变化，新产品不断涌现时，一国对其出口商品不力求创新，提高其竞争力，则迟早会被别国商品所取代，使出口商品日渐减少，产生国际收支逆差。

3. 货币性不平衡。在一定汇率下，一国货币成本与物价普遍上升，高于其他国家，必然导致出口减少，进口增加，国际收支发生逆差，这就是货币性不平衡，又叫价格的不平衡。反之，如果一国货币成本与物价发生变动，低于其他国家，则会发生相反的情形。所以货币性不平衡主要是由通货膨胀与通货紧缩引起的。

议一议：

国际收支顺差是越多越好吗？

4. 收入性不平衡。收入性不平衡是指一国由于国民收入的变化而引起的国际收支失衡。若一国国民收入相对快速增长，导致进口需求的增长超过出口增长，则会引起国际收支逆差。反之，则会引起国际收支顺差。

（三）国际收支调节措施

1. 现代经济政策。一是财政政策。在国际收支出现逆差的情况下，政府实行紧缩性财政政策，提高税率，减少公共支出与私人支出，从而抑制总需求和物价上涨，改善国际收支逆差。反之，政府则实行扩张性财政政策，以扩大总需求，平衡国际收支顺差。二是货币政策。调节国际收支的货币政策手段主要是贴现政策和存款准备金政策。一般说来，当国际收支出现巨额逆差时，则可通过紧缩性货币政策，即通过提高再贴现率和法定存款准备金率来加以调整。而当国际收支出现大量顺差时，可通过扩张性货币政策来调整，即通过降低再贴现率和法定存款准备金率的方法来消除顺差。当然，一国采取财政、货币政策调节国际收支时必须考虑国内经济需要。

2. 外汇缓冲政策。外汇缓冲政策是指一国运用外汇储备的变动或临时向外筹借资金来抵消超额的外汇需求或供给，以调节国际收支。在国际收支出现逆差时，管理当局通过减少外汇储备或对外借款，来弥补超额外汇需求；反之，则增加外汇储备，消除超额外汇供给。

3. 汇率政策。汇率政策是指一国运用汇率的变动来平衡国际收支。一般做法是：当国际收支出现逆差时，就实行本币对外贬值，提高外汇汇率。这样，一方面使本国出口商品的外币价格下跌，增强其在国际市场上的竞争力，从而刺激出口，增加贸易收入。另一方面，汇率的提高使进口商品的本币价格升高，从而抑制进口，减少国际支出。在两方面的综合作用下，国际收支逆差可以逐步消除。当国际收支顺差时，则实行本币对外升值，进而实现国际收支平衡。

4. 利用国际信贷。当国际收支逆差时，可以通过向国际金融市场借款，或者利用国际金融机构贷款、政府贷款等来弥补差额。国际信贷也是国际收支顺差国调节其国际收支的一项措施。

5. 直接管制。直接管制是政府以行政命令的方法直接干预经济交易的政策措施。直接管制包括：财政性管制，如关税壁垒、出口补贴等；贸易性管制，如进口许可证、进口限额等；货币性管制，如外汇管制、预交进口保证金等。三种直接管制的效果比较迅速和显著，而且具有较强的针对性和可选择性，但它容易招致对方国家的报复，最终抵消预期的效果。

6. 国际经济合作。一般而言，一国的国际收支逆差必然反映为其他国家国际收支的顺差，反之亦然。每个国家出于本国的利益而采取的政策必然会对其他国家产生不利的影响，因而随着国际间相互依赖程度的加深，国际经济合作和政策协调就显得日益重要。国际经济合作的方式包括加强国际清算制度、恢复贸易自由以及促进生产要素自由移动等。

 小知识：

国际收支平衡表的记账方法

国际收支平衡表采用现代会计学的复式簿记原理编制，即以借、贷作为符号，以"有借必有贷，借贷必相等"为原则记录每笔交易。由于复式簿记原理须保证借方和贷方相等，因此所有经济交易总和为零。贷方记录资产的减少、负债的增加，借方记录资产的增加、负债的减少。

凡引起本国外汇收入的项目，记入贷方，记为"＋"（可省略）；凡引起本国外汇支出的项目，记入借方，记为"－"。如商品出口列为贷方金额，进口列为借方金额；劳务、投资收入列为贷方金额，支出列为借方金额；从外国无偿转入本国列为贷方金额，从本国转向外国列为借方金额；从外面流入本国的资本列为贷方金额，从本国流向外国的资本列为借方金额；本年度储备增加额列为借方金额，其减少额列为贷方金额。

第二节 外汇与汇率

一、外汇

（一）什么是外汇

外汇是指以外币表示的可以用作国际清偿的支付手段和资产。我国外汇的内容有：（1）外币现钞，包括纸币、铸币；（2）外币支付凭证或者支付工具，包括票据、银行存款凭证、银行卡等；（3）外币有价证券，包括债券、股票等；（4）特别提款权；（5）其他外汇资产。

（二）外汇应具备的条件

并不是所有的外币及外币资产都可以成为外汇的。作为外汇，必须具备以下三个条件：

1. 自由兑换性。自由兑换性是指作为外汇的外国货币可以自由兑换成本币或其他第三国货币。如美元（USD）、英镑（GBP）、日元（JPY）等可自由兑换，而越南盾（VND）、菲律宾比索（PHP）等非自由兑换货币，则不能算作外汇。

2. 普遍接受性。它是指作为外汇的外币在国际经济交易中被各国普遍接受和使用。

3. 可偿还性。可偿还性即作为外汇的外币资产是可以保证得到偿付的。这就要求作为外汇的外币资产必须以真实的债权债务为基础，否则，不能算作外汇，如拒付的汇票等。

（三）外汇的分类

划分标准不同，外汇种类也就不同。常见的外汇分类有以下几种。

1. 根据外汇能否自由兑换，可分为自由外汇和记账外汇。（1）自由外汇是指无需货币发行国批准，可以自由兑换成其他货币或向第三国办理支付的外汇。目前能够作为自由外汇的货币有几十种，如美元、英镑、日元等。这些货币或用这些货币表示的支付凭证是世界各国广泛采用的国际结算手段。（2）记账外汇

想一想：

你持有的外汇在本国境内是否具有货币的各种职能？

是指未经货币发行国批准，不能自由兑换为其他国家货币或不能向第三国办理支付的外汇。也就是经两国政府协商在双方银行各自开立专门账户记载使用的外汇。记账外汇可以是本国货币，对方国货币，第三国货币或复合货币（如特别提款权）。但无论确定使用何种货币，都必须同时确定它们之间的汇率，通过双方银行所规定的货币和汇率借记、贷记双方贸易或非贸易往来账户。记账外汇的主要目的是为了节省自由外汇。

2. 根据外汇的来源与用途，可分为贸易外汇和非贸易外汇。（1）贸易外汇是指由商品输出输入引起收付的外汇。对大多数国家而言，贸易外汇收入是其最主要的外汇资金来源，贸易外汇支出是其最基本的外汇资金运用。（2）非贸易外汇是由非贸易往来引起收付的外汇。它主要包括劳务外汇、旅游外汇及侨汇等。随着国际经济交易的扩大与发展，非贸易外汇发挥着越来越重要的作用。

3. 按照外汇买卖交割期可分为即期外汇和远期外汇。即期外汇是指外汇买卖成交后在很短时间内交割完毕的外汇。远期外汇是指在签订外汇买卖合约时，约定在将来某一日期办

理交割的外汇。

二、汇率

汇率（又称汇价）是用一个国家的货币折算成另一个国家的货币的比率或比价。也可以说是以本国货币表示的外国货币的"价格"。

（一）汇率的标价方法

折算两个国家的货币，先要确定用哪个国家的货币作为标准，由此产生不同的标价方法。

1. 直接标价法。直接标价法又称应付标价法，它是以一定单位（如1个单位或100个单位）的外国货币为标准，来折算应付若干单位本国货币的标价方法。世界上绝大多数国家都采用直接标价法，我国人民币汇率也采用直接标价法。

在直接标价法下，外汇汇率的升降与本币数额的增减成正比，与本币币值的升降成反比。即外币数额不变，本币数额增加，说明外汇汇率上升，本币贬值，外币升值；反之则相反。

2. 间接标价法。间接标价法又称应收标价法，它是以一定单位（如1个单位或100个单位）的本国货币为标准，来计算应收若干单位外国货币的标价方法。世界上采用间接标价法的只有英、美两国。但美元对英镑的汇率仍采用直接标价法。

在间接标价法下，外汇汇率的升降与外币数额的增减成反比，与外币币值的升降成正比。即本币数额不变，外币数额增加，说明外汇汇率下降，外币贬值，本币升值；反之则相反。

3. 美元标价法。美元标价法是指以一定单位（如1个单位或100个单位）的美元表示的其他国家货币的价格。这种标价法在国际上许多大银行公布的外汇汇率中采用。

（二）汇率的种类

在实际运用中，因考虑的角度不同，划分的标准不同，形成了不同种类的外汇汇率。

1. 按汇率制度不同划分，有固定汇率和浮动汇率。（1）固定汇率是由政府制定和公布，并只能在一定幅度内波动的汇率。它包括金本位制下的固定汇率制和以美元为中心的固定汇率制。（2）浮动汇率是指一国货币与另一国货币的比价由外汇市场的供求关系自发决定的汇率。

从政府是否干预外汇市场来看，如果政府当局对汇率的波动不做任何干涉，那么这种浮动就叫自由浮动或清洁浮动。如果政府当局为保证本国利益，使汇率向有利于本国的方向浮动而对汇率进行干涉或操纵的话，那么这种浮动就叫管理浮动或肮脏浮动。

从实行浮动汇率制的国家是否组成国家集团这一角度来看，如果一国不与其他国家组成集团而单独实行浮动汇率制，就称为单独浮动。如果某些国家组成集团来实行浮动汇率制，则称为联合浮动。在联合浮动下，成员国之间的货币保持固定汇率。

此外，还有两种浮动汇率制，即盯住某种货币的浮动汇率制和按一套指标加以调整的浮动汇率制。前者指一国货币盯住某种主要储备货币或一篮子货币，与盯住货币保持相对固定的关系，而对其他货币则自由浮动；后者指一国货币随选定的指标体系的变动而对其他外币比价也不断调整的浮动汇率制。

2. 按外汇管制程度划分，有官方汇率和市场汇率。（1）官方汇率是指由一国货币当局制定、调整和公布的汇率。凡规定官方汇率的国家，除有关法令允许的交易以外，一切外汇交易均须以官方汇率为准。官方汇率有单一汇率和复汇率两种形式，其中复汇率多为根据不同的交易物规定不同的汇率，如贸易汇率（用于进出口商品及其从属费用的结算）和金融汇率（用于资本流动和旅游等非贸易收支的结算）。（2）市场汇率是指在外汇市场上根据外汇供求状况而确定的外汇买卖实际汇率。市场汇率随行就市，政府不进行直接干预。在外汇管制较松的国家，官方汇率往往只是形式，有行无市，交易均按市场汇率来进行。

3. 按制定汇率方法划分，有基本汇率和套算汇率。（1）基本汇率是一国货币与关键货币的比率。关键货币是一国在国际结算和国际储备中使用最多、普遍接受且可以自由兑换的货币。由于美元在国际结算中使用较多，所以各国一般都把美元作为关键货币，一国货币同美元的比率作为基本汇率。基本汇率是套算其他货币汇率的基础。（2）套算汇率（又称交叉汇率）是按两种货币的基本汇率之比所确定的汇率。基本汇率确定之后，一国货币对其他国家货币的汇率，就可通过基本汇率套算得出。

4. 按外汇汇付方式划分，有电汇汇率、信汇汇率和票汇汇率。（1）电汇汇率是银行以电报或电传解付方式买卖外汇时所使用的汇率。电汇汇率是外汇市场的基准汇率，其他各种汇率都以电汇汇率为基准。一般外汇市场上公布的都是电汇汇率。（2）信汇汇率是银行以信函解付方式买卖外汇时所使用的汇率。信汇汇率比电汇汇率要低一些，其差额相当于一个邮程的利息。（3）票汇汇率是银行以汇票为支付工具买卖外汇时所使用的汇率。汇票从售出到付款也有一定的时间间隔，所以票汇汇率也比电汇汇率低。

5. 按银行买卖外汇划分，有买入汇率、卖出汇率、中间汇率和现钞汇率。（1）买入汇率和卖出汇率。买入汇率（又称买入价）是银行向同业或向客户买入外汇时所使用的汇率。卖出汇率（又称卖出价）是指银行向同业或向客户卖出外汇时使用的汇率。银行在报价时一般都是双向报价，即同时报出买入价和卖出价。不同的标价方法，所表示的买入价和卖出价也不同。在直接标价法下，前者是买入价，后者是卖出价。（2）中间汇率（又称中间价）是买入汇率和卖出汇率的中间数。即：中间汇率＝（买入价＋卖出价）÷2。在对汇率进行分析时常用中间汇率。（3）现钞汇率（又称现钞价）是银行买卖外币现钞时使用的汇率。分为现钞买入价和现钞卖出价。外币现钞不能在本国流通使用，需要把它们运送到发行国才能充当流通或支付手段。由于银行运送外币现钞要花一定的费用（如运费、保险费、利息损失等），所以，外币现钞买入价比外汇买入价要低，而外币现钞卖出价和外汇卖出价相同。

还可以按外汇买卖交割的期限划分，把汇率分为即期汇率和远期汇率；按银行营业时间划分，把汇率分为开盘汇率和收盘汇率等。

（三）影响汇率变动的因素

在浮动汇率制下，汇率的决定基础是两国货币的购买力。同时，汇率的波动还受其他因素的影响，这些因素主要有：

1. 国际收支状况。国际收支状况对一国汇率的变化产生直接的长期的影响。众所周知，国际收支是一国对外经济活动的综合反映，若国际收支顺差，说明外汇收入大于外汇支出，外汇供大于求，外汇汇率趋于下降；若国际收支逆差，说明外汇收入小于外汇支出，外汇供不应求，外汇汇率趋于上升。

2. 通货膨胀的差异。在信用货币流通的情况下，两国货币的比价从根本上说是由各自货币所代表的价值量决定的。因此，若一国发生通货膨胀，说明该国货币代表的价值量减少，购买力减弱，则外汇汇率上升，反之，则外汇汇率下跌。但在各国普遍存在通货膨胀的条件下，一国发生通货膨胀对汇率的影响结果，要看该国通货膨胀与其他国家通货膨胀程度的比较。如果一国通货膨胀率较高，则会导致该国出口商品价格上涨，国际竞争能力下降，使出口减少，同时，较高的通货膨胀使该国的实际利息率降低，引起资本外流，从而使国际收支出现逆差，外汇汇率上涨。反之，则外汇汇率下跌。通货膨胀对汇率的影响是通过影响国际收支而实现的，一般要经过一段时间才能显示出来。

3. 经济增长率的差异。一国与他国经济增长率的差异对汇率变动的影响是多方面的。一是一国经济增长率较高意味着国民经济的扩张，从而会引起进口急剧扩大，外汇支出大幅增加，造成外汇汇率上升的压力。二是一国经济增长率较高意味着劳动生产率的提高，所以可通过成本的降低，改善本国出口商品的国

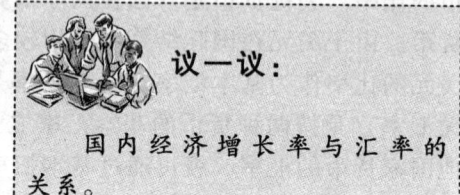

议一议：

国内经济增长率与汇率的关系。

际竞争力，从而扩大出口，抑制进口，有利于稳定汇率。三是一国经济增长率较高，意味着投资的预期利润率高，由此可吸引外资流入，从而改善资本和金融账户收支。一般说来，一国经济增长率高于别国，在短期内往往不利于本币在外汇市场的行市，但从长期看，却能有力地支撑本币的强劲势头。

4. 利率的差异。利率对汇率的影响是通过国际资本流动来实现的。如果一国的利率水平相对高于其他国家，就有可能引起大量资本流入，从而使外汇供给增加，在外汇需求不变的情况下，就会使外汇汇率下降。相反，如果一国的利率水平相对低于其他国家，就有可能引起大量资本流出，从而使外汇供给减少，外汇汇率上涨。

5. 中央银行干预。浮动汇率制下，中央银行没有义务一定要保持本币汇率的稳定。但为了实现某种经济政策目标，或屈服于国际压力，都会主动或被动地对外汇市场进行直接干预。中央银行的这种干预活动，虽无法从根本上改善汇率的长期走势，但对汇率的短期走向却会产生一定影响。

6. 预期与投机因素。心理预期是人们对将来事物发展变化情况的预计。当外汇市场的参与者预期某种货币的汇率在今后有可能下跌时，为了避免损失或获取额外的好处，便会大量地抛出这种货币，进而引起该种货币汇率下跌。反之，则会使该种货币汇率真的上涨。

此外，一些国际、国内的重大事件也会对汇率产生一定的影响。

 小知识：

人民币汇率

1949 年至 1952 年：单一浮动汇率制。

1953 年至 1972 年：人民币与美元正式挂钩。但这时期我国的对外贸易很少，人民币汇率意义不大。

1973 年：人民币汇率参照西方国家货币汇率浮动状况，采用"一篮子货币"加权平均计算方法进行调整。

1979年至1984年：人民币汇率经历了从单一汇率到双重汇率再到单一汇率的变迁。

1985年至1993年：人民币对外币官方牌价与外汇调剂价格并存。

1994年：实行以市场供求为基础的、单一的、有管理的浮动汇率制度。

2005年：建立健全以市场供求为基础，参考"一篮子货币"进行调节，单一的、有管理的浮动汇率制度。

我国政府对人民币汇率改革的立场：一是实行人民币汇率制度改革是中国一贯的方针；二是推进人民币汇率制度改革要从中国的实际出发；三是人民币汇率制度改革是中国的主权。

第三节 国际货币体系

一、国际货币体系的概念

国际货币体系是指为适应国际贸易和国际支付的需要，各国政府对货币在国际范围内发挥世界货币职能所确定的原则、采取的措施和建立的组织形式的总称。它一般包括以下内容：

第一，汇率制度的确定。一国货币与其他货币之间的汇率应如何确定和维持、能否自由兑换成其他可支付货币、采取何种汇率制度（固定汇率、制浮动汇率制）等。

第二，国际储备资产的确定。即国际交往中使用什么样的货币作为支付货币、一国政府应持有多少数量的国际储备资产等。

第三，国际收支调节方式的确定。当出现国际收支失衡时，各国政府应采取什么方法来解决、各国之间的政策措施又如何互相协调等。

第四，国际结算的原则。即实行自由的多边结算还是实行限制性的双边结算等。

想一想：

国际货币体系主要解决什么问题？

第五，国际货币合作的形式与机构。包括一些区域性货币联盟、国际性金融组织、地区性的多边官方金融机构等。

其中，国际储备资产的确定、汇率制度的确定和国际收支调节方式是主要内容。

二、国际货币体系的演变

在历史的各个不同时期，国际货币体系在不断地演变。一百多年来国际货币体系大体经历了国际金本位制货币体系、布雷顿森林货币体系、牙买加货币体系的演变过程。

（一）国际金本位制货币体系

金本位制是以黄金作为国际本位货币的制度。广义指以一定重量和成色的黄金来表示一国本位货币的制度，包括金币本位制、金块本位制、金汇兑本位制。狭义仅指金币本位制。从1816年金本位制在英国形成到20世纪30年代崩溃，金本位制先后经历了金币本位制

（典型金本位制）、金块本位制、金汇兑本位制（虚金本位制）三种制度。

（二）布雷顿森林货币体系

1944年7月，44个国家参加了在美国新罕布什尔州的布雷顿森林召开的"联合与联盟国际货币金融会议"，通过了以美国"怀特方案"为基础的《国际货币基金协定》和《国际复兴开发银行协定》，总称《布雷顿森林协定》，从而形成以黄金为基础、以美元为中心的国际货币体系，即布雷顿森林货币体系。

布雷顿森林货币体系的主要内容有以下几方面。

1. 国际金融机构。设立"国际货币基金组织"和"国际复兴开发银行（世界银行）"。前者的宗旨在于稳定汇率，协助成员国改善国际收支，后者的宗旨在于以低利长期贷款，协助推动成员国的经济发展。两机构自1947年11月15日起成为联合国的常设专门机构。中国是这两个机构的创始国，1980年中华人民共和国在这两个机构中的合法席位先后恢复。

2. 国际储备体系。布雷顿森林货币体系确定了以黄金为基础，以美元为国际主要储备货币，即所谓的美元与黄金挂钩，其他国家货币与美元挂钩的原则。"双挂钩"通常被视作布雷顿森林货币体系的两支柱。

3. 固定汇率制。IMF规定成员国的货币含金量一经确定，就不得随意变动。成员国在进行即期外汇交易及黄金买卖时，汇率和金价的波动幅度不得超过法定汇率和金价的上下各1%（超过该界限，有关政府有义务进行干预），使汇率始终保持在一个较为稳定的水平上。只有当国际收支发生根本性不平衡时，才允许贬值或升值，亦即平价经IMF同意后才能加以改变。这种体系下的固定汇率制度，亦称可调整的钉住汇率制度。

4. 国际收支调节。当成员国国际收支发生困难时，IMF通过三种方式帮助成员国渡过难关：一是敦促成员国广泛协商，促进国际货币合作。二是为成员国提供融通资金的便利。三是规定各成员国实行多边支付与清算，不得限制经常项目的支付，亦不许采取歧视性的货币措施，由此创造平衡国际收支的外在条件。

布雷顿森林货币体系是国际货币合作的产物，它消除了战前国际金融秩序的混乱状况，在一定时期内稳定了资本主义国家的货币汇率，营造了一个相对稳定的国际金融环境，促进了国际贸易和世界经济的增长。

布雷顿森林货币体系也暴露了不可克服的矛盾。布雷顿森林货币体系的运行要求储备货币发行国——美国按固定官价兑换黄金，以维持各国对美元的信心，又要求美国提供足够的国际清偿力即美元。信心和清偿力存在着不可克服的矛盾，美元供给太多就会有不能兑换的危险，从而发生信心问题；要维持各国对美元的信心，美国就必须纠正逆差，而这又会使美元供给减少，处于"特里芬两难"境地。20世纪四五十年代的"美元荒"和60年代美元灾的发生使这一矛盾越发突出。既使后来采取创设特别提款权复合货币已无法修补，从而最终使布雷顿森林货币体系无法维持，到1973年布雷顿森林体系彻底瓦解。

（三）牙买加货币体系

布雷顿森林货币体系崩溃之后，国际金融形势更加动荡不安，各国都在探寻货币制度改革的新方案。1976年1月，国际货币基金组织的"国际货币制度改革临时委员会"在牙买加首都金斯敦召开会议，并达成《牙买加协定》。同年4月，国际货币基金组织理事会通过了国际货币基金组织协定的第二次修正案，形成了国际货币关系的新格局，产生了牙买加货币体系。

牙买加货币体系的主要内容有以下几个方面。

1. 浮动汇率合法化。各会员国可以自由选择适合本国经济情况的汇率制度。在制度上，基金组织承认固定汇率制与浮动汇率制可以同时并存；在管理上，会员国的汇率政策应受国际货币基金的监督，并与国际货币基金协商；在未来安排上，等世界经济稳定后，经总投票权的85%多数票做出决定，恢复固定汇率制度。

2. 黄金非货币化。废除黄金条款，取消黄金官价，黄金与货币完全脱离联系；取消会员国相互之间以及会员国与IMF之间须用黄金清算债权债务的义务；逐步处理掉IMF所持有的黄金（IMF将持有黄金总额的1/3或用于成立信托基金，或用于归还成员国，其余的2/3经总投票权的85%多数通过后，向市场出售或由成员国买回）。

3. 扩大特别提款权的作用。通过修订特别提款权的有关条款，以使其逐步取代美元和黄金而成为主要的国际储备资产。根据规定，各会员国可以自由交易特别提款权，而不必征得IMF的同意，IMF与会员国之间的交易以特别提款权代替黄金，IMF一般账户中持有的资产一律以特别提款权表示。

4. 扩大基金组织份额。各会员国对基金组织所缴基金份额，由原来的292亿特别提款权增至390亿。各会员国的份额比例也有所调整，主要石油输出国的比例由5%上升到10%；主要工业国家除原联邦德国和日本略有增加外，其余略有减少。

5. 扩大对发展中国家资金融通。以出售黄金所得收益设立"信托基金"，以优惠条件向最贫穷的发展中国家提供贷款或援助，帮助他们改善国际收支；扩大基金组织信贷部分贷款的额度。普通贷款额度，由相当于会员国基金份额的100%增至145%，补偿性贷款则由50%提高至70%。

牙买加货币体系起到了积极作用。一是多元化的储备结构为国际经济提供了多种清偿货币，在较大程度上解决了储备货币供不应求的矛盾。二是多样化的汇率安排适应了多样化的、不同发展水平的各国经济，为各国维持经济发展与稳定提供了灵活性与独立性，同时有助于保持国内经济政策的连续性与稳定性。三是多种国际收支调节机制并存，适应了世界经济格局多元化的特点，也使国际收支的调节更为有效与及时。

虽然牙买加货币体系有许多积极作用，但它也存在着一定的弊端。一是储备货币多元化与国际清偿力不谐调。二是浮动汇率长期化加剧了货币汇率波动。三是国际收支调节机制仍不健全等。

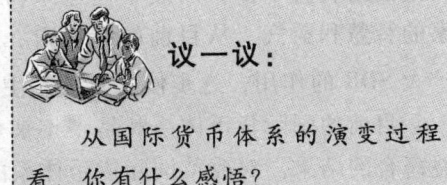

议一议：

从国际货币体系的演变过程看，你有什么感悟？

近几年，国际金融变动趋势增强，并愈来愈制约着国际贸易和世界经济的发展，表明牙买加货币体系也难以适应当前世界经济的发展需要，因此，必须进一步改革国际货币制度，建立合理稳定的国际货币新秩序。

三、国际货币体系的改革

2008年全球性的金融危机将关于国际货币体系的改革推向一个新的高度。这次发起于美国的金融危机，使得一些新兴市场对西方国家所倡导的金融架构和运作模式产生了不少的怀疑，并引发了对国际货币体系的反思。

理论上讲，一个完备的国际货币体系应该具备三个方面的功能：国际储备货币、国际收支平衡与国际资本流动及管理。从这几个角度看，当前的国际货币体系还存在一些缺陷。

从历史经验看，以一国主权信用货币作为国际储备货币具有无法克服的困难：储备货币发行国在实现国内目标和履行本国货币的国际职能之间往往面临艰难决择。为了应对金融危机和经济衰退，美国通过大量发行美元以刺激国内需求，这必然威胁到美元的价值稳定，并直接影响到它作为国际储备货币和价值储藏工具的吸引力。相反，如果美元专注于履行其国际储备货币职能，那么美国的国内目标将无法实现。"特里芬难题"仍然是储备货币发行的重要约束之一，同时在储备货币国和使用储备的国家之间存在着显著的利益转移，最终还是由相对单一的国别货币来承担国际储备货币的职能。这种格局不仅对发展中国家不利，实际上也不利于发达国家的经济平衡。因为这种几乎唯一的储备货币地位，使得国际剩余储蓄自然会选择流入这种货币，就会促使该国的国际收支持续失衡。综合各个方面的研究看，未来的国际储备货币演变主要存在三种备选的建议：

第一，重新修复以美元为主导的国际储备体系。综合考虑各个方面的因素，这种可能性大概也具有最大的现实可行性。然而从根本讲，美元能否长期维持其地位则取决于美国国际收支赤字的减少和未来通货膨胀的控制，以及由此形成的全球金融市场对美元的信心。同时，这种格局并没有改变此次金融危机中所呈现出来的一系列国际货币体系的缺陷。

第二，美元逐步失去中心地位，国际储备货币多元化。短期内，虽然美元仍是主导性的国际储备货币，欧元、英镑、日元等只能是潜在的"同类竞争者"。然而根据IMF的测算，到2020年，北美、"欧元区+英国"、"金砖四国+日本"三大区域经济在全球GDP总量的份额将分别为：20%、21%、31%，这意味着届时世界将演变成大致均衡的三极。理论上，区域经济多极元是国际储备多元化最有力的促进因素。因此，从中长期来看，随着美元的不断衰落，国际储备货币格局将走向多元化和分散化。

第三，创造一种新的超主权国际储备货币。这个建议对于改进当前国际货币体系中存在的一系列缺陷具有积极的效果。但是，在实际的金融制度调整中，创造一个新的超主权货币，更需要的往往是不同国家和地区的利益平衡，以及一些原来占据有利地位的国家的智慧和勇气。从目前的情况看，权宜之计是逐步扩大SDR的作用，逐步使之发挥超主权国际储备货币的一些职能。

想一想：

能创造一种新的超主权的国际货币吗？

目前的国际货币体系既是多年来全球经济金融发展的产物，也是各国相对实力消长和利益磨合的结果。对改革国际货币体系的期望和策略均应切合实际，任何可能大大改变现有利益分配格局的方案，在近期都是不现实的。

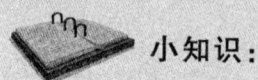

小知识：

人民币国际化

人民币国际化是指人民币能够跨越国界，在境外流通，成为国际上普遍认可的计价、结算及储备货币的过程。其含义包括三个方面：第一，人民币现金在境外享有一定的流通度；第二，以人民币计价的金融产品成为国际各主要金融机构包括中央银行的投资工具；第三，国际贸易中以人民币结算的交易要达到一定的比重。

当前国家间经济竞争的最高表现形式就是货币竞争。如果人民币对其他货币的替代性增强，不仅将现实地改变储备货币的分配格局及其相关的铸币税利益，而且也会对西方国家的地缘政治格局产生深远的影响。

综合国力的不断增强使人民币的国际地位不断提高；人民币币值的稳定为推进人民币国际化创造了前提条件；人民币在我国香港特区的广泛流通和使用为人民币国际化提供了有益经验；在德国、英国、法国等地开设的人民币清算银行使人民币更快走向世界。但人民币资本项目可兑换前提条件的成熟还有较长的路要走。可以说，人民币国际化是一个长期的战略。在这种情况下，"渐进模式"就成为必然的选择。

重要概念

国际收支　国际收支平衡表　经常项目　资本和金融项目　外汇　汇率　直接标价法　间接标价法　自由外汇　记账外汇　国际货币体系

思考与实训

1. 查看最近的人民币汇率，分析我国人民币汇率的走势。
2. 结合我国外汇储备情况，思考其利与弊。
3. 查找资料，思考我国近些年国际贸易收支的特点。
4. 根据资料和调研，思考我国人民币国际化问题。
5. 如果人民币汇率升值，对你的生活有什么影响？
6. 你认为国际货币体系今后的走向如何？

第九章

金融监管

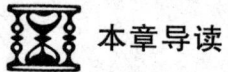 本章导读

麦道夫骗局

麦道夫是美国华尔街的传奇人物，曾任纳斯达克股票市场公司董事会主席。2008年次贷危机爆发，他面临高达70亿美元资金赎回压力，无法再撑下去，才向两个儿子，也是其公司高管坦白其实自己"一无所有"，一切"只是一个巨大的谎言"。麦道夫的儿子们当晚便告发了老爸，一场美国历史上金额最大的欺诈案才暴露在世人眼前。

其实"麦式骗局"模式是抄袭典型的"庞氏骗局"，并不新鲜，即用高额回报引诱投资者，同时用后来的投资者资金偿付前期投资者。麦道夫以和善行为和"白璧无瑕式"投资外壳包裹自己，用神秘投资技术产生的神秘感包裹自己，竟然运用简单的骗局长达20年、数额高达650亿美元。愚弄了华尔街的诸多投资家，欺骗了一大批具有丰富经验的专业人士，除美国本土，麦氏欺诈案还波及英国、法国、瑞士、西班牙、日本、中国等国的金融机构和投资者。

2009年6月29日，麦道夫被判刑150年。"麦式骗局"映衬华尔街监管的脆弱。如何保护投资者权益？如何防范金融风险？怎样维护整个金融体系的安全……本章为你解读金融监管。

第一节 金融风险

一、金融风险的概念和特征

金融风险是指在货币经营和信用活动中，由于各种因素变化的影响，使金融机构或投资者遭受损失的可能性。可能性意味着它会朝两个方向发展，一是未加防范或防范不利使损失成为事实；二是由于采取了防范措施且措施得当，使损失没有发生或将损失降低到最低限

度。我们应当尽量避免出现第一种可能，争取实现第二种可能。

金融风险的直接危害，不仅破坏金融业务的正常进行，削弱和摧毁金融业本身存在的抵抗各种金融风险的能力，而且危及金融安全和国家经济安全。金融风险大规模、高强度地集中爆发就演变为金融危机。金融危机可以不放一枪一炮把一个国家的经济挤到崩溃的边缘，出现政治危机和社会动荡。历史的和现实的、地区的和国家的以及国际的金融危机都说明了这一点。金融业是特殊高风险行业，可以说，金融业的发展史就是一部金融风险史。

20世纪90年代以来，国际金融危机事件频频发生，1991年国际商业信贷银行倒闭；1995年英国巴林投资银行因下属机构证券投资失败而被收购；1997年东南亚金融危机使许多东南亚国家遭受损失；2008年由美国次贷危机引发的全球金融危机涉及世界众多国家和地区；2010年的欧元区主权债务危机使全球主权债务危机更加深化；2011年的美债危机使美国主权信用评级遭遇历史上首次降级而引发全球股市动荡等等。

议一议：

最近发生的金融危机的原因和影响。

金融风险的主要特征有以下几点。

第一，扩散性。个别金融活动的某个环节出现经营问题，会扩散到其他金融机构甚至引起整个社会的动荡。因为现代金融业的发展，使得各金融机构紧密相连、互为依存，一家金融机构发生问题，往往会使整个金融体系周转不灵，就是所谓的"多米诺骨牌"效应。

第二，隐蔽性。由于金融机构具有一定的信用创造能力，可以在较长时间里通过不断创造新的信用来掩盖已经出现的金融风险，这些风险因素不容易被人识破。

第三，社会性。金融机构不同于其他行业，自有资本占全部资产的比重一般较小，绝大部分资金来自存款和借入资金，因而金融机构的特殊地位决定了社会公众与金融机构的关系是一种依附性的债权债务关系。如果金融机构经营不善，就会损害公众利益。

第四，周期性。任何金融机构都是在既定的货币政策环境中运营的，而货币政策在周期规律的作用下，有宽松期、紧缩期之分。一般来说，在宽松期放款、投资及结算矛盾相对缓和，影响金融机构安全性的因素逐渐减弱，金融风险就小；反之，紧缩期金融同业间及金融与经济间的矛盾加剧，影响金融机构安全性的因素逐渐增强，金融风险就大。

第五，破坏性。金融风险一旦发生，不仅会使客户和股东蒙受很大的经济损失，而且会涉及社会再生产的各环节，对经济活动造成极大的破坏，甚至危及社会稳定，引发政治危机。

第六，可控性。虽然存在经济形势变化和经济情况不确定因素带来的风险，但就微观意义上的某一金融机构而言，并不是说风险就不能抵御和控制。恰恰相反，金融机构可以通过采取增加资本金，调整风险性资产来增强抵御风险的能力，并及时以转移、补偿等方式将风险控制在一定的范围和区间内。

二、金融风险的种类

宏观经济政策、金融资产价格波动、经济周期、金融机构的管理和决策失误、金融市场竞争加剧、金融国际化等都是形成金融风险的因素。现代金融风险的种类有很多，有信用风险、市场风险、外汇风险、利率风险、财务风险、管理风险、购买力风险等，所有这些风险既有相对独立的特征，也包含着密切的联系，正是各种风险之间存在着紧密的相互关系，从而使得现实经济活动中很难分清造成损失的结果是由什么风险带来的。但是，如果我们从引发金融风险的根本原因及其规避风险的结果上来考察金融风险，以上所有的风险均可以归结为系统性风险和非系统性风险。

（一）系统性风险

系统性风险是指由于全局性的共同因素引起的风险。这些单个企业不可控的因素主要是政治、经济、自然灾害和突发事件等，其不利影响可能在整个金融体系引发"多米诺骨牌"效应，造成经济金融的大幅度波动，产生宏观层面上的金融风险。

1. 利率风险。这是指利率变动的不确定性给商业银行造成损失的可能性。存款人往往将存款转入支付利率较高的机构，而贷款人往往寻找贷款利率较低的机构，从而导致金融机构资金来源与运用即利率敏感性资产与利率敏感性负债的结构的不确定性。

2. 汇率风险。这是指由于汇率变动而引起行为人收益恶化的可能性。一是买卖风险，即买卖外汇后所持有头寸在汇率升降时发生缺失的可能性；二是交易风险，即从外汇约定交易到外汇实际交割时因汇率变动发生损失的可能性；三是评估风险，即会计处理中某些项目需要在本币和外币间换算时的汇率不同而承受的风险。

3. 政策风险。这是指一国宏观经济政策的调整给金融机构造成资产损失的可能性。如采取扩张或紧缩的财政政策、货币政策干预金融市场，实行程度不同的金融管制等，都可能造成金融机构的资产损失。

4. 制度风险。这是指一国的金融制度超前或滞后于经济发展需要、金融制度不完善和执行不力等带来的宏观经济波动和系统性的金融风险。

想一想：

"没有风险就没有金融活动"，对吗？

（二）非系统风险

非系统风险是指因某种特有因素引起的风险。所谓"特有"是指这种风险的产生一般都是由于客户违约、经营管理不善等造成的，只是一种个别的风险。

1. 信用风险。这是指信用活动中的不确定性信用主体遭受损失的可能性。它是金融机构面临的主要风险，也是实施风险管理的重点。它存在两种可能性：一是借款人到期不能还本付息可能引起商业银行信贷资产的损失；二是商业银行可能因存款人挤提存款而没有足够的准备金来支付而造成损失甚至破产。

2. 流动性风险。这是指商业银行由于缺乏将其资产迅速变现的能力可能引起自身信用的不稳定。

3. 资本风险。这是指商业银行由于资本金过少而不能抵补亏损，进而不能保证其正常经营的可能性。

4. 经营风险。这是指商业银行由于经营管理不当可能导致其资金和财产的损失。

当然，系统性风险和非系统性风险的划分不是绝对的，它们之间既有较为明显的区别，也有其内在的联系，尤其是随着通讯技术的日益现代化，随着国际经济的一体化，非系统性风险经常会通过种种途径转化为系统性风险。因为在经济联系日益密切的现实世界中，虽然有些风险起初表现为非系统风险，但是，如果这类风险一旦变成现实，它会迅速地在整个经济领域中扩散，从而引致成系统性风险。

三、金融风险的防范

一个国家的金融业对整个经济、社会、政治的稳定都具有相当重要的作用。如果发生金融风险甚至金融危机,将会带来难以估量的损失。因此,我们必须要高度重视金融风险问题,采取必要的措施,以有效防范金融风险。

(一)加快转变金融发展方式

粗放的发展方式影响了中国金融的发展质量。结构不合理、金融企业效率较低、服务和创新薄弱、人才缺乏等深层次矛盾和问题亟待解决。必须把加快转变金融发展方式作为重大而紧迫的战略任务,必须着力解决影响和制约金融业科学发展的突出问题。应继续推动资本市场稳定健康发展,加快发展保险市场、债券市场、外汇市场和货币市场,逐步形成多层次金融市场体系,更大程度地发挥市场配置资源的基础性作用。大力推进金融组织制度、产品和服务的创新,加快培养和引进各类金融人才,造就一支高素质的金融队伍。不断提高金融调控和服务水平,加大对经济社会发展薄弱环节支持力度,促进国民经济又好又快发展。

(二)继续深化金融改革

我国金融改革已经取得了较大进展,但与现代金融制度的要求相比,还有很大的差距,改革任重而道远。要使中国金融企业真正经得起开放条件下市场竞争的考验,经得起经济周期变化的考验,还必须继续推进银行、证券、保险企业的改革,完善公司治理,

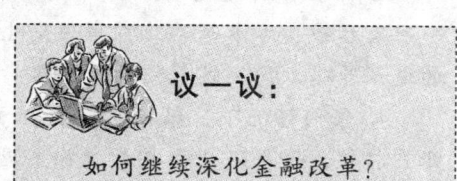

议一议:

如何继续深化金融改革?

加快转变经营机制,强化内部控制和风险防范机制。要从根本上改变农村金融的薄弱状态,还必须继续深化农村金融的各项改革,加快完善农村金融体系。要保持证券、保险业快速健康发展的良好势头,还必须进一步加强资本市场基础性建设,深化保险改革。要全面提高金融宏观调控能力和水平,还必须继续推进货币政策调控机制、人民币汇率形成机制、利率市场化、外汇管理体制等各项改革。

(三)稳步推进金融对外开放

与发达国家相比,我国的金融发育不够成熟,金融企业国际竞争力不强,金融监管还比较薄弱,对外开放面临新的挑战,但是我国并没有因此而放慢金融改革开放的步伐。我国始终要按照加入世贸组织的各项承诺,全面推进银行、证券、保险业对外开放。要遵循积极稳妥、循序渐进的方针,继续推进金融对外开放,使开放的节奏和力度与经济发展的水平、市场发育的程度和金融监管的能力相适应,更好地推动我国金融与全球金融的相互融合。

(四)切实维护金融安全

金融发展的历史证明,防范化解风险是金融发展的永恒主题。金融问题处理得不好就很可能引发金融动荡,影响经济乃至整个社会政治的稳定。金融安全直接关乎国家经济社会稳定大局,关乎人民群众根本利益,必须把维护金融安全稳定放在首要位置。应不断完善金融监管体制机制,继续强化金融监管,在有效监管、防范风险前提下,促进金融创新,不断提高金融监管的能力和水平。改进外汇管理方式,完善外汇管理的法律法规,强化对跨境资本流动的监管。加快构建金融安全网,健全金融应急机制和应急预案。严厉打击各种非法金融活动,加强全社会金融知识普及和风险教育。

小知识:

银监会关于保障消费者银行卡资金安全的风险提示（2010年7月）

为防范诈骗行为，保护金融消费者的银行卡资金安全，结合早前发布的相关风险提示信息，银监会再次提示广大群众，应提高警惕，避免以任何方式泄露个人安全信息或向不明账户转款：

1. 凡是发现ATM机器外壳和电子显示屏上没有银行名称和银行标识的、使用过程中出现可疑迹象的ATM机具，应立即拨打相关银行客户服务电话进行确认，必要时立即向公安机关报警。

2. 通过自助银行门禁系统时不要输入密码。进入自助银行服务区有时需要在自动门上刷卡（借记卡或信用卡）开门，但不需要密码。持卡人如遇要求输入密码方可进入时，应及时报警。

3. 牢记银行通过网点、网站、媒体、ATM屏幕等正常渠道公布的统一客户服务电话，一旦有吞钞、吞卡等不正常事件发生，不要急于离开自助设备，也不要轻易相信来历不明的电话号码，而应拨打设备所属银行统一客户服务电话寻求帮助。

4. 任何情况下，银行职员或警方都不会要求持卡人提供银行卡密码或向来历不明的账户转款，如果遇此类要求，首先应怀疑其身份的真实性，并及时通过正规渠道报警。

5. 随时注意周围情况，如遇有人故意以各种理由靠近，或制造事端分散自己的注意力时，应要求其与自己保持一定的距离，在输入密码、刷卡消费等过程中注意用身体遮挡键盘。若中途有被干扰的情况，持卡人在完成所有操作环节后，应仔细核对取回的银行卡，确认没有被人趁乱掉包。

6. 牢记发卡银行的统一客户服务电话，并尽量开通账户变动短信提醒服务，第一时间了解自己账户金额变动情况。一旦怀疑自己的银行卡信息或资金被盗用，应立刻联系发卡银行查询账户余额、办理止付或将卡内资金转移到属于自己的其他账户中。

第二节 金融监管

一、金融监管的目标

各国金融危机事件一次又一次说明了金融风险的危害性，个别金融机构的某一项资产业务的风险，所引起的往往不是个别机构的经营困难，由于连锁反应，很可能导致局部乃至整个金融体系的动荡，从而引发金融危机。为了防范于未然，必须加强对金融业的监管。

金融监管是指金融主管当局依法对各金融机构和金融市场实施监督和管理。金融监管目标是实现金融有效监管的前提和监管当局采取监管行动的依据。金融监管的目标可分为一般目标和具体目标。

世界各国都认为,一般目标应该是促成建立和维护一个稳定、健全和高效的金融体系,保证金融机构和金融市场健康的发展,从而保护金融活动各方特别是存款人的利益,推动经济和金融发展。大多数国家的具体监管目标体现在各国的银行法或证券法等金融法规上。目前各国无论采用哪一种监管组织体制,监管的目标基本是一致的,通常称作三大目标体系:第一,维护金融业的安全与稳定;第二,保护公众的利益;第三,维持金融业的运作秩序和公平竞争。

(一)金融监管的一般目标

我国金融监管的一般目标包括两方面。一是防范和化解金融风险,维护金融体系的稳定与安全。二是保护公平竞争和金融效率的提高,保证中国金融业的稳健运行和货币政策的有效实施。

(二)金融监管的具体目标

我国金融监管的具体目标包括三个方面。

1. 经营的安全性。经营的安全性包括:一是保护存款人的利益。在一般金融过程中,存款人将资金存入金融企业,再由金融企业加以运用。在这种资金使用权的让渡过程中,客观上要求有一个权威机构来代表广大存款人的利益,集中对金融企业的业务加以监管,以保证广大储户的资金安全。

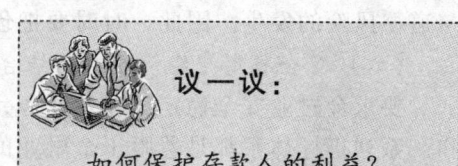

议一议:
如何保护存款人的利益?

二是保护银行信用体系的安全。由于金融企业处于整个社会资金融通的枢纽地位,一旦其发生危机,整个社会就会立刻陷于支付信用危机,因此从维持整个社会的资金流通顺畅与安全的角度出发,应努力保持金融体系的稳健与安全。

2. 竞争的公平性。竞争的公平性目标主要是指通过金融监管,在金融体系中保持一种公平的适度竞争,以此来达到提高金融业效率的目的。一方面要在资本充足率等方面加强监督,使各金融企业在同一个起跑线公平竞争;另一方面又必须对各金融企业的经营决策加以引导,以避免无谓的过度竞争甚至恶性竞争的出现。

3. 政策的一致性。保持政策的一致性目标就是通过监管对金融企业的经营决策加以监管和引导,使之符合中央银行的意图,有利于货币政策目标的顺利实现,促进和保证整个金融业和社会主义市场经济的健康发展。

二、金融监管的原则

(一)依法管理原则

一方面金融机构必须接受金融管理当局的监管,要有法来保证,不能有例外;另一方面金融管理当局实施监管也必须依法而行。

(二)适度竞争原则

必要的竞争是金融业提高效率的保证,但这种竞争应以确保金融业的安全与稳定为前提。既要避免造成金融高度垄断,排斥竞争从而丧失效率与活力;又要防止出现过度竞争、破坏性竞争从而涉及金融业的安全与稳定,甚至引发金融危机。

(三)不干涉金融业内部管理原则

不干涉金融业内部管理就是要按照金融监管的规律进行监管,不能对金融企业的内部管理进行干预。只要金融业的经营活动符合相关法律和法规规定的范围、种类和可承担的风险程度，并依法经营，监管机构就不能过多的干涉。

（四）综合监管原则

综合监管原则就是金融监管手段应把经济手段、法律手段、行政手段等综合配套使用；监管的方式、方法和工具要综合运用，直接监管与间接监管、外部监管与内部监管、事先监管与事后监管、国内监管与国外监管等要同时运用，做到监管现代化、系统化和最优化。

想一想：

为什么要强调综合监管？

（五）自我约束与外部强制相结合原则

再缜密严格的外部强制管理也是相对的，如果管理对象不配合、不自我约束，而是千方百计地逃避、应付、对抗，这样外部强制监管也难以收到良好的效果；相反，如果将希望全部放在金融机构本身自觉自愿的自我约束上，则难以有效避免种种不负责任的冒险经营行为与道德风险的发生。因此，时时要把创造自我约束环境和加强外部强制管理结合起来。

（六）安全稳定与经济效益相结合原则

要求金融业安全稳定地经营业务，历来都是金融监管的中心目的，为此制定的金融法规和一系列指标体系都是着眼于金融业的安全稳定及风险防范。但金融业的发展毕竟在于满足社会经济发展的需要，追求发展就必须讲求效益。所以，金融监管必须把安全稳定与经济效益结合起来。

三、金融监管的内容

目前，一个以中国人民银行、证监会、保监会、银监会等政府监管机构为主，金融行业自律监管与社会监管为辅的金融监管体系在我国已基本形成。此外，《中国人民银行法》、《商业银行法》、《保险法》、《证券法》等法律和国务院颁布的一些金融行政法规和规章制度，为金融监管的权威性和有效性提供了有力的法律保障。

由于各类金融业务特点不同，经营性质也存在差别，对其监管的内容也应有区别。下面就整个金融业的监管内容作简单表述。

（一）对金融机构市场准入的管理

金融市场不断有新机构的加入会加剧竞争，从而提高金融业的效率。但是，在市场需求没有很大增长的情况下，新机构的过量进入会导致行业平均收益水平的降低，从而增大金融风险。此外，先天不足机构的入市本身，也就意味着在金融机构体系中埋下了风险的隐患。可见，加强金融机构市场准入的管理，不仅可以控制各类金融机构的数量、结构和布局，使之符合政府金融发展规划，而且还是加强金融监管，防范金融风险的首要环节。

为了规范金融机构的审批工作，包括《中国人民银行法》在内的相关法律、法规和规章对各类金融机构设立的基本原则、条件、程序和管理要求都作了明确的规定，尤其是其中的注册资本最低限额、高级管理人员任职资格和业务范围等是核心内容。

（二）对金融机构业务营运的监管

金融机构的市场准入与市场准入后能否稳健经营是两个不同层次的问题。国际金融危机事件已多次表明，金融机构的风险，大多是在日常业务经营过程中监管不力而逐步形成的。对金融机构日常业务经营活动的稽核、检查的主要内容包括：

1. 业务经营的合法性。即监督检查金融机构对金融法律、法规和规章以及金融方针政策的执行情况。

2. 资本金的充足性。它是指金融机构实收资本的构成及来源是否正当，以及资本金与各种风险资产的比例关系等。我国先后对商业银行、金融信托投资机构和城市商业信用合作社实行了资产负债比例管理，并规定了商业银行资本充足率等指标的最低限度。

想一想：

金融风险大多产生于日常业务中？

3. 资产质量。从资产的安全性、流动性和效益性的角度，综合评价金融机构资产的质量，揭示不良资产的数额及所占的比例。如具体规定商业银行的逾期贷款余额与各项贷款余额之比等指标。

4. 清偿能力。清偿能力涉及的最主要问题是资产的流动性，特别是应付客户提取存款的能力。因此，主要应检查金融机构流动性资产的数量、质量，以确保客户的提存。如规定商业银行的流动性资产平均余额和流动性负债的平均余额之比等指标。

5. 营利能力。即金融机构的收益率以及利润来源和结构是否合理正当。营利能力的高低，从一个侧面反映了金融机构抵御风险能力的强弱。

6. 经营管理状况。特别是金融机构的内部控制制度是否健全。

（三）对违法违规行为的处罚

完善的金融监管制度应该包括检查、处罚和整改三个阶段。如果重检查而轻处罚，金融监管的惩戒功能就会弱化。只有少数违法者受到严惩，金融法律、法规和规章的作用才能充分发挥。我国对金融违法违规行为的处罚分三类：

1. 经济处罚。主要包括罚息、罚款，没收非法所得，冻结存款等。

2. 行政处罚。主要包括通报批评、责令限期纠正、停止开展部分业务、停业整顿、接管以及吊销经营金融业务许可证等。

3. 行政处分。主要是对违反金融法规的单位负责人或直接责任人的处分，包括批评、警告、记过、降职、降薪、留用察看、开除等，直到依法追究刑事责任。

近年来，我国在金融监管实践中明显加大了处罚的力度。

（四）化解风险的措施

当金融风险出现时，监管当局将分别情况采取不同的措施加以化解。

1. 紧急救助。当个别金融机构出现有可能影响公众信心的流动性困难时，货币当局可通过组织行业支持、提供临时贷款等方式开展紧急救助。

2. 强制性接管。当个别金融机构可能产生的信用危机严重影响到存款人利益时，货币当局可采取强制的接管措施。

3. 由其他金融机构兼并或收购。这主要针对那些采取了紧急救助之后仍无法恢复正常经营能力的金融机构而采取的措施。

4. 吊销经营许可证。这主要针对采取了所有努力都无法奏效的金融机构而采取的断然措施。

 **小知识:**

《中国银行业实施新监管标准的指导意见》

中国银监会于2011年5月发布《中国银行业实施新监管标准的指导意见》。《指导意见》按照宏观审慎监管与微观审慎监管有机结合、监管标准统一性和分类指导统筹兼顾的总体要求,明确了资本充足率、杠杆率、流动性、贷款损失准备监管标准,并根据不同机构情况设置差异化的过渡期安排。

——商业银行核心一级资本充足率、一级资本充足率和资本充足率的最低要求分别为5%、6%和8%;新标准实施后,正常条件下系统重要性银行和非系统重要性银行的资本充足率分别不得低于11.5%和10.5%,若出现系统性信贷过快增长,需计提逆周期超额资本。为防止银行业金融机构杠杆率的过度积累,《指导意见》引入杠杆率监管要求,银行业金融机构杠杆率不得低于4%。

——建立多维度的流动性风险监管指标和监测指标体系,在我国现行流动性风险监管指标的基础上,引入流动性覆盖率和净稳定融资比例,提升流动性风险监管的有效性。

——要求银行业金融机构改进贷款损失准备监管,贷款拨备率不低于2.5%,拨备覆盖率不低于150%;并根据经济周期、贷款质量和盈利状况,对贷款损失准备监管要求进行动态化和差异化调整,进一步缓解银行体系的亲周期性。

此外,《指导意见》从市场准入、审慎监管标准、持续监管和监管合作等方面进一步提出了增强国内系统重要性银行监管有效性的一整套措施。

第三节 金融监管机构

一、金融监管体制的类型

金融监管机构的设立取决于金融监管体制。金融监管体制分为混业监管体制和分业监管体制两种。

混业监管体制是指不同的金融行业、金融机构和金融业务均由一个统一的监管机构负责监管的体制。这个监管机构一般是该国的中央银行或其他专门设置的金融管理当局。如20世纪80年代后期,北欧的挪威、丹麦和瑞典将分散的监管机构合并,成立综合的金融监管机构。

分业监管体制是在银行、证券和保险等业务领域内分别设立一个专职的监管机构,负责各行业监管的体制。实行分业监管的国家有德国、美国、波兰和中国等。

我国长期以来实行高度集中的金融管理体制,在很长的一段时间内,中国人民银行既有中央银行职能

 **议一议:**

混业监管和分业监管各自的优缺点。

又有商业银行职能,并承担金融活动的调节和监管的职责。1992年,国务院证券委员会和中国证券监督管理委员会是中国证券业监管的最高领导机构,1998年合并为中国证券监督管理委员会(证监会)。1998年,中国保险监督管理委员会(保监会)成立,直属国务院,是全国保险业的主管机关,依法统一管理和监督保险市场。2003年,中国银行业监督管理委员会(银监会)成立,分离了中央银行对银行业金融机构的一些监管职能。由此,我国形成了"一行三会"的金融监管格局。

二、我国的金融监管机构

(一)中国人民银行

2003年12月27日第十届全国人大六次会议修正通过、自2004年2月1日起施行的《中华人民共和国中国人民银行法》,在第五章中专门就中国人民银行的金融监管作出规定。

中国人民银行的金融监管职能包括:(1)依法监测金融市场的运行情况,对金融市场实施宏观调控,促进其协调发展。(2)有权对金融机构以及其他单位和个人的下列行为进行检查监督:执行有关存款准备金管理规定的行为;与中国人民银行特种贷款有关的行为;执行有关人民币管理规定的行为;执行有关银行间同业拆借市场、银行间债券市场管理规定的行为;

想一想:

为什么中国人民银行的金融监管职能没有全部移交给三大监委会?

执行有关外汇管理规定的行为;执行有关黄金管理规定的行为;代理中国人民银行经理国库的行为;执行有关清算管理规定的行为;执行有关反洗钱规定的行为。(3)根据执行货币政策和维护金融稳定的需要,可以建议国务院银行业监督管理机构对银行业金融机构进行检查监督。(4)当银行业金融机构出现支付困难,可能引发金融风险时,为了维护金融稳定,中国人民银行经国务院批准,有权对银行业金融机构进行检查监督。(5)根据履行职责的需要,有权要求银行业金融机构报送必要的资产负债表、利润表以及其他财务会计、统计报表和资料。中国人民银行应当和国务院银行业监督管理机构、国务院其他金融监督管理机构建立监督管理信息共享机制。(6)负责统一编制全国金融统计数据、报表,并按照国家有关规定予以公布。(7)应当建立、健全本系统的稽核、检查制度,加强内部的监督管理。

(二)中国证券监督管理委员会

1998年4月,根据国务院机构改革方案,决定将国务院证券委员会与中国证监会合并,并明确规定中国证监会为国务院直属事业单位,专司全国证券市场的监管职能。

证监会的金融监管职能包括:(1)研究和拟订证券期货市场的方针政策、发展规划;起草证券期货市场的有关法律、法规,提出制定和修改的建议;制定有关证券期货市场监管的规章、规则和办法。(2)垂直领导全国证券期货监管机构,对证券期货市场实行集中统一监管;管理有关证券公司的领导班子和领导成员。(3)监管股票、可转换债券、证券公司债券和国务院确定由证监会负责的债券及其他证券的发行、上市、交易、托管和结算;监管证券投资基金活动;批准企业债券的上市;监管上市国债和企业债券的交易活动。(4)监管上市公司及其按法律法规必须履行有关义务的股东的证券市场行为。(5)监管境内期货合约的上市、交易和结算;按规定监管境内机构从事境外期货业务。(6)管理证券期货交易所;按规定管理证券期货交易所的高级管理人员;归口管理证券业、期货业协会。

(7) 监管证券期货经营机构、证券投资基金管理公司、证券登记结算公司、期货结算机构、证券期货投资咨询机构、证券资信评级机构；审批基金托管机构的资格并监管其基金托管业务；制定有关机构高级管理人员任职资格的管理办法并组织实施；指导中国证券业、期货业协会开展证券期货从业人员资格管理工作。(8) 监管境内企业直接或间接到境外发行股票、上市以及在境外上市的公司到境外发行可转换债券；监管境内证券、期货经营机构到境外设立证券、期货机构；监管境外机构到境内设立证券、期货机构、从事证券、期货业务。(9) 监管证券期货信息传播活动，负责证券期货市场的统计与信息资源管理。(10) 会同有关部门审批会计师事务所、资产评估机构及其成员从事证券期货中介业务的资格，并监管律师事务所、律师及有资格的会计师事务所、资产评估机构及其成员从事证券期货相关业务的活动。(11) 依法对证券期货违法违规行为进行调查、处罚。(12) 归口管理证券期货行业的对外交往和国际合作事务。(13) 承办国务院交办的其他事项。

（三）中国保险监督管理委员会

国务院于1998年11月批准设立中国保险监督管理委员会，专司全国商业保险市场的监管职能。

保监会的金融监管职能包括：(1) 拟定保险业发展的方针政策，制定行业发展战略和规划；起草保险业监管的法律、法规；制定业内规章。(2) 审批保险公司及其分支机构、保险集团公司、保险控股公司的设立；会同有关部门审批保险资产管理公司的设立；审批境外保险机构代表处的设立；审批保险代理公司、保险经纪公司、保险公估公司等保险中介机构及其分支机构的设立；审批境内保险机构和非保险机构在境外设立保险机构；审批保险机构的合并、分立、变更、解散，决定接管和指定接受；参与、组织保险公司的破产、清算。(3) 审查、认定各类保险机构高级管理人员的任职资格；制定保险从业人员的基本资格标准。(4) 审批关系社会公众利益的保险险种、依法实行强制保险的险种和新开发的人寿保险险种等的保险条款和保险费率，对其他保险险种的保险条款和保险费率实施备案管理。(5) 依法监管保险公司的偿付能力和市场行为；负责保险保障基金的管理，监管保险保证金；根据法律和国家对保险资金的运用政策，制定有关规章制度，依法对保险公司的资金运用进行监管。(6) 对政策性保险和强制保险进行业务监管；对专属自保、相互保险等组织形式和业务活动进行监管。归口管理保险行业协会、保险学会等行业社团组织。(7) 依法对保险机构和保险从业人员的不正当竞争等违法、违规行为以及对非保险机构经营或变相经营保险业务进行调查、处罚。(8) 依法对境内保险及非保险机构在境外设立的保险机构进行监管。(9) 制定保险行业信息化标准；建立保险风险评价、预警和监控体系，跟踪分析、监测、预测保险市场运行状况，负责统一编制全国保险业的数据、报表，并按照国家有关规定予以发布。(10) 承办国务院交办的其他事项。

（四）中国银行业监督管理委员会

2003年4月成立中国银行业监督管理委员会。中国银监会履行原由中国人民银行履行的审批、监督、管理银行、金融资产管理公司、信托投资公司及其他存款类金融机构等的职责和相关职责。

银监会的金融监管职能包括：(1) 依照法律、行政法规制定并发布对银行业金融机构及其业务活动监督管理的规章、制度。(2) 依照法律、行政法规规定的条件和程序，审查批准银行业金融机构的设立、变更、终止以及业务范围。(3) 对银行业金融机构的董事和高级管理人员实行任职资格管理。(4) 依照法律、行政法规制定银行业金融机构的审慎经营规则。(5) 对银行业金融机构的业务活动及其风险状况进行非现场监管,建立银行业金融机构监督管理信息系统,分析、评价银行业金融机构的风险状况。(6) 对银行业金融机构的业务活动及其风险状况进行现场检查,制定现场检查程序,规范现场检查行为。(7) 对银行业金融机构实行目标监督管理。(8) 会同有关部门建立银行业突发事件处置制度,制定银行业突发事件处置预案,明确处置机构和人员及其职责、处置措施和处置程序,及时、有效地处置银行业突发事件。(9) 负责统一编制全国银行业金融机构的统计数据、报表,并按照国家有关规定予以公布。(10) 对银行业自律组织的活动进行指导和监督。(11) 开展与银行业监督管理有关的国际交流、合作活动。(12) 对已经或者可能发生信用危机,严重影响存款人和其他客户合法权益的银行业金融机构实行接管或者促成机构重组。(13) 对有违法经营、经营管理不善等情形的银行业金融机构予以撤销。(14) 对涉嫌金融违法的银行业金融机构及其工作人员以及关联行为人的账户予以查询,对涉嫌转移或者隐匿违法资金的申请司法机关予以冻结。(15) 对擅自设立银行业金融机构或非法从事银行业金融机构业务活动予以取缔。(16) 负责国有重点银行业金融机构监事会的日常管理工作。(17) 承办国务院交办的其他事项。

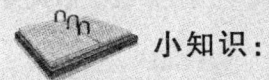

小知识:

美国的金融监管改革法

2010 年 7 月 21 日,奥巴马总统正式签署了新的金融监管改革法。新的金融监管改革法即《多德—弗兰克法案》的正式名称是《2010 年华尔街改革和消费者保护法》,其核心在于两点:一是强调对系统性风险的关注,并建立起了相关的管理体系和程序,也即所谓的宏观审慎管理框架;二是建立了消费者金融保护署(CFPA),以加强对金融消费者权益的保护。围绕这两个核心,法案所提出的主要改革措施包括以下几个方面:

1. 强调对系统性风险的关注,建立起新的监管协调机制。成立新的金融稳定委员会,该委员会主要职责在于识别和防范系统性风险。在此框架下,现有的货币监理署(OCC)和储蓄机构监理署(OTS)合并,以监管全国性的银行机构;由美联储负责监管金融控股公司和一些地方银行;同时保持联邦储蓄保险公司(FDIC)的监管职能。

2. 强调消费者金融保护。创立消费者金融保护署(CFPA),以保证美国消费者在选择使用住房按揭、信用卡和其他金融产品时,得到清晰、准确的信息,同时杜绝隐藏费用、掠夺性条款和欺骗性的做法。

3. 对有系统性风险的金融机构,该法案提出更高的资本充足率、杠杆限制、流动性和风险管理要求,但具体标准由金融稳定委员会确定。

4. 控制金融机构由于"大而不倒"所产生的风险。该法案建立新的系统风险监管框架,将所有具有系统重要性的银行和非银行机构纳入美联储的监管之下。并对金融机构规模和业务范围进行了一定的直接限制,即所谓的"沃尔克法则"。

5. 高管薪酬及企业治理结构。在高管薪酬问题上为股东提供更多的话语权；要求董事会下的薪酬委员会完全由独立人士组成；允许监管机构强行中止金融机构不恰当、不谨慎的薪酬方案，并要求金融机构披露薪酬结构中所有的激励要素；对上市公司基于错误财务信息发放的高管薪酬，美国证监会（SEC）拥有追索权。

6. 规范中介机构行为。制订新的严格规定，以保证投资顾问、金融经纪人和评级公司的透明度和可靠性。针对信用评级机构，新法案在SEC中成立专门机构的监管办公室，每年提供监管报告；对评级机构要求更完全的信息披露，包括评级公司的内部运作、评级方法、历史表现、报酬来源等等。

7. 加强金融衍生产品监管。该法案特别加强了对场外交易（OTC）的衍生产品和资产支持证券等产品监管。为防止银行机构通过证券化产品转移风险，要求发行人必须将至少5%的风险资产保留在其资产负债表上。

 重要概念

金融风险　金融危机　系统性金融风险　利率风险　汇率风险　非系统金融风险
流动性风险　经营风险　金融监管

 思考与实训

1. 你如何认识金融风险？
2. 日常生活中，你如何保障银行卡资金的安全？
3. 你如何防范金融犯罪？
4. 你认为我国的金融监管还存在哪些问题？
5. 你所知道的我国金融监管机构有哪些？
6. 查找资料和调研，了解我国应对金融危机所采取的主要措施。

主要参考书目

1. 黄达. 金融学（第三版）（精编版）[M]. 中国人民大学出版社，2014.
2. 王国星. 财政与金融（第四版）[M]. 中国财政经济出版社，2012.
3. 弗雷德里克·S. 米什金. 货币金融学（第九版）[M]. 中国人民大学出版社，2011.
4. 李成. 金融学（第二版）[M]. 西安交通大学出版社，2013.
5. 胡援成. 货币银行学（第四版）[M]. 中国财政经济出版社，2013.
6. 谢绵陛. 货币金融学[M]. 厦门大学出版社，2014.
7. 钱晔. 货币银行学（第四版）[M]. 东北财经大学出版社，2014.
8. 王晓光. 货币银行学（第二版）[M]. 清华大学出版社，2013.
9. 刘智英. 货币银行学[M]. 清华大学出版社，2014.
10. 张亦春. 金融市场学（第四版）[M]. 高等教育出版社，2013.
11. 易纲. 货币银行学[M]. 格致出版社，2013.
12. 李敏. 货币银行学[M]. 复旦大学出版社，2013.
13. 钱水土. 货币银行学（第二版）[M]. 机械工业出版社，2014.
14. 李嘉玲. 货币银行学[M]. 中国铁道出版社，2014.
15. 马雪峰. 货币银行学[M]. 科学出版社，2014.
16. 张庆君. 货币银行学（第二版）[M]. 东北财经大学出版社，2014.
17. 谢平. 互联网金融手册[M]. 中国人民大学出版社，2014.
18. 李耀东. 互联网金融框架与实践[M]. 电子工业出版社，2014.
19. 姜波克. 国际金融新编（第五版）[M]. 复旦大学出版社，2012.
20. 蒋先玲. 货币银行学（第二版）[M]. 对外经济贸易大学出版社，2012.